LAROUSSE
QUESOS MEXICANOS

Dirección editorial:	Tomás García Cerezo
Editora responsable:	Verónica Rico Mar
Coordinación de contenidos:	Gustavo Romero Ramírez
Asistencia editorial:	Irving Sánchez Ruiz
Fotografía:	Jorge Fernando Gómez Carvajal
Recetas:	Josefina Santacruz
Estilismo:	Josefina Santacruz y Departamento de Gastronomía de Ediciones Larousse
Diseño y formación:	Rocío Caso Bulnes
Portada:	Ediciones Larousse, S.A. de C.V. con la colaboración de Creativos SA
Fotografía complementaria:	Archivo gráfico Larousse, Alex Vera Fotogastronómica®, Shutterstock.com, Thinkstock.com

Primera edición
©2013 Ediciones Larousse, S.A. de C.V.
Renacimiento 180, Colonia San Juan Tlihuaca,
Delegación Azcapotzalco, C.P. 02400, México, D.F.

ISBN: 978-607-21-0738-0

www.larousse.com.mx

Este libro se terminó de imprimir en octubre de 2013
en los talleres de Edamsa Impresiones S.A. de C.V.
Av. Hidalgo No. 111, Col. Fracc. San Nicolás Tolentino,
Del. Iztapalapa, C.P. 09850, México, D.F.

LAROUSSE
QUESOS MEXICANOS

CARLOS YESCAS

CON RECETAS DE:

JOSEFINA SANTACRUZ

Agradecimientos

Quisiera agradecer a tantos amigos académicos, queseros, cocineros y gastrónomos alrededor del mundo que me apoyaron a entender la quesería mundial, su historia y la aplicación de estos quesos en las cocinas tradicionales de sus países para enriquecer este libro.

En especial quisiera nombrar a Seamus Sheridans, Sarah Bates, Enda McEvoy, la familia Farran, Cathy Strange, Louis Aird, Dimitri Saad, Amy Thompson, Sarah y Sergio Furno, Roland Barthelemy, Sue Sturman, Zoe Brickley, Taylor Cocalis Suárez, Mateo Kehler, Srdja Mastilovic, Callum Hodgson, Claudia McIntosh, David Gremmels, Svetlana Kukharchuk, Veronica Steele, Elena Santogade, Grace Mitchell, Mary Quicke, Paula Lambert, Poul Price, Emeric Harney, David Lebovitz y muchos más que me han tomado bajo su ala.

Asimismo, quisiera reconocer a cientos de queseros, pero principalmente a Marcelo Castro, Javier y Mónica Chaurand, Martín López, Catalina Rivera, Ever Gómez, Francisco Trejo, José Trejo, Rubén León Rodríguez, José Sevilla, Manuel Zorrilla Fernández, a los miembros de la Cooperativa Sello de Oro, y a la familia López Bassoul. Algunos cocineros y cocineras que se han puesto la camiseta para apoyar la salvaguarda del queso mexicano utilizándolo en sus cocinas y platillos son: Paulina Abascal, Albert Adriá, Ernesto Aguilera, Edna Alanis, Roberto Alcocer, Rick Bayless, Margarita Carrillo Arronte, Alin Castillo, José Ramón Castillo, Abdiel Cervantes, Abdiel Cervantes, Aquiles Chávez, Kenny Curran, Mario Espinosa, Pedro Evia, Dante Ferrer, Adolfo Galnares, Lorenzo García Guerra, Alicia Gironella, Guillermo González Beristáin, Luisa González, Claudio Hall, Abel Hernández, Adrián Herrera, Patricia Jinich, Antonio de Livier, Federico López, Francisco Méndez, Marianela Morón, David Muller, Ricardo Muñoz Zurita, Manolo y Mariel Nájera, Niki Nakazawa, Edgar Núñez, Enrique Olvera, Ix-Chel Ornelas, Mariana Orozco, Daniel Ovadía, Héctor Pérez, Eduardo Plascencia, Patricia Quintana, Irvin Quiroz, Lauren Resler, Elena Reygadas, Óscar Rito, Patricia Rocatti, Pablo Salas, Josefina Santacruz, Roberto Santibañez, Alex Stupak, Zahie Téllez, Patricia Ulibarri, Jorge Vallejo, Martín Vargas, Gerardo Vázquez Lugo, Martha Zepeda, Emmanuel Zúñiga Soto y muchos más que trabajan a diario buscando los mejores productos mexicanos.

Además, mi agradecimiento a grandes mexicanos que se interesan por la vida de nuestros productores y que han servido como importante contacto para que su trabajo sea valorado por cada vez más personas. Ellas y ellos son: Nayeli Paniagua, Vivian Aldarete, Adib Zacarías, Guillermo Ysusi, Eunice Gutiérrez Cruz, Pina Segura, Lucy Cruz, Daniel Acevedo, Isaac Aroche, Abigail Ramos, René Rentería, Cecilia Ríos Murrieta, Claudio Poblete, Silva Ayala, Carlos Valenzuela, Pablo Ferrer Palm, Álvaro Gómez Gómez, Aranzazu, Lourdes Arreola, Carmen Ramírez Ruiz, Gilbert Nielsen, Jesús Briseño, Luigi Giordano, Issa Plancarte, Ángel Rivas, Judith Rodríguez Servín, Mariana Castillo, Elsie Méndez, Denise Theurel Thomas, Jorge Lestrade, Ana Elena Mallet, Javier Arteaga, Sergio Peralta, Daniel Segundo, Bruno Aceves, Dorian Leonel Constantino Durán, Wenceslao López Vega, José Ángel del Valle Molina y probablemente muchos más que seguramente comen todos los días queso hecho en México.

Finalmente, mi reconocimiento a los autores de libros maravillosos que presentan la historia de la quesería mundial, entre ellos Fernando Cervantes Escoto, Abraham Villegas de Gante, Alfredo Cesín Vargas, Angélica Espinoza Ortega, Paul Kindstedt, Juliet Harbutt, Steven Jenkins, Laura Werlin, Rob Kaufelt, Kathy Guidi y muchos otros que han construido una verdadera librería de conocimiento quesero.

Presentación

El queso en México es botana de diario, comida de siempre, y manjar de fiesta. Es con esta triada en mente que espero guiarles en un viaje por México para conocer más a fondo catorce quesos mexicanos, desde el siempre socorrido queso panela hasta el estandarte que ahora es el Cotija de Origen.

La historia de la quesería en México está íntimamente ligada al periodo colonial. Con los españoles llegaron al continente americano ganado vacuno, caprino y ovino, y con ello la costumbre de consumir lácteos, como cremas, requesones o quesos. En un sincronismo culinario, estos productos ayudaron a crear comidas distintivas con un fuerte arraigo identitario para sus consumidores.

El queso en México no sólo es útil para hacer quesadillas, espolvorearlo en garnachas y antojitos, o para rellenar enchiladas. El queso es para todo momento y para todos los gustos, ya que se encuentra en todas las cocinas y en todos los estados del país.

Una de las cuestiones en torno a este tema es de qué formas llamamos a los quesos y cómo los comemos, pero igual de importante, saber cómo llegaron a ser los quesos hoy en día tal cual son y conocer cómo usarlos en nuestra cocina para apreciarlos en todo su sabor.

Este libro no pretende ser el tomo definitivo del queso mexicano, pero sí busca ser un referente para apreciarlo más. Su finalidad es ser una guía para conocer y entender mejor algunos de los estilos de quesos mexicanos elaborados con leche natural de producción nacional, así como una introducción al conocimiento de la nueva quesería mexicana.

Espero que este libro sea un pequeño granito de arena en la tradición quesera que por tantos años han cuidado los productores artesanales, las cocineras y las marchantes, pero sobre todo, los consumidores, que buscan productos de calidad y comidas saludables.

Agradezco infinitamente a las siguientes personas por su amor y paciencia: a Carlos Yescas Angeles, por ser un hombre de avanzada; a Georgina Trujano Guerrero, por ser cocinera del hijo más chocoso; a Georgina Yescas Angeles Trujano, por ser compañera de pasión; y, sobre todo, a Will B. Thomson, por apoyar y cuestionar cada paso de ésta mi profesión.

Asimismo, agradezco y reconozco el gran trabajo de archivo que realizó Berenice Cortés, quien como mi becaria, aportó material que fue base para muchas de las historias aquí encontradas. También agradezco a Fernando Gómez Carbajal quien fotografió los quesos, pues logró captarlos como los verdaderos manjares que son; a Josefina Santacruz por las recetas que acompañan los quesos descritos; a Tomás García, Verónica Rico y a todo el equipo de Ediciones Larousse, quienes me otorgaron esta gran oportunidad. Sin embargo, toda omisión o error en este libro son sólo responsabilidad mía.

Este libro está dedicado a los productores de queso mexicano, mujeres y hombres que con su trabajo, ilusión y fortaleza, han protegido parte de nuestra historia culinaria. Pero sobre todo, a los futuros productores, que mantendrán esta tradición gastronómica viva en nuestro país.

Carlos Yescas Angeles Trujano, el quesero

Introducción a la obra

En los últimos años México ha atraído las miradas nacionales y extranjeras por tener una cocina diversa y con historia. Esta visión no constituye una novedad para muchos mexicanos que desde siempre la han ejercido de forma cotidiana o para quienes la han estudiado desde diversos enfoques. Sin embargo, para aquellos que comienzan a descubrir el gran patrimonio que conforma la cocina mexicana, se ha revelado un cúmulo de conocimientos ancestrales imbricados con la tradición, los recursos naturales, la geografía, la nutrición, y por supuesto, con el deleite de saborear los múltiples rostros del país.

México es conocido nacional e internacionalmente en múltiples terrenos culinarios: los moles, las más de 60 razas de maíz, los antojitos, las incontables variedades de chiles. Sin embargo, en otros aspectos es poco probable que se piense al país como un referente obligado; tal es el caso de los quesos. Este hecho no es fortuito, pues la elaboración de estos productos comenzó a partir de la llegada de los españoles, cuando ya otras regiones en el orbe contaban con tradiciones queseras reconocidas. Algunas de ellas como las actuales Francia, España o Italia deben su prestigio en este tema a la diversificación y perfeccionamiento de los ingredientes y procesos, derivados de siglos de ensayo y error. No obstante, el consumo de quesos en México está fuertemente arraigado entre sus habitantes. A diferencia de los países europeos, donde a los quesos se les confiere un espacio propio posterior al consumo del plato principal, en México se emplean como parte integral de los guisos o para finalizar las preparaciones antes de servirlas.

Larousse, una editorial comprometida con la difusión de la cocina mexicana, ha editado esta obra sobre uno de sus temas que ha sido poco abordado: sus quesos. En este libro se explican 14 de los más representativos quesos que se elaboran y consumen en la República Mexicana, desde el muy popular queso panela o el quesillo de hebra, hasta el regional queso de poro de Balancán. También se incluyen más de 30

recetas en las que se emplean dichos quesos o se elaboran los acompañamientos ideales para degustarlos.

De la mano de Carlos Yescas, experto en el tema, y de la reconocida chef Josefina Santacruz, pretendemos con esta obra ofrecer un panorama más amplio de la diversidad de quesos en México, los procesos para su elaboración, las regiones donde se producen, sus características, las formas de consumirlos y sobre todo, otorgarles visibilidad, la cual generalmente queda opacada por los quesos de otras naciones. Una vez que conozca los quesos mexicanos de este libro, podrá estar seguro de haber obtenido el conocimiento indispensable para una mejor comprensión del patrimonio culinario del país.

Los editores

Sumario

Introducción

En el mundo existen ocho grandes familias de quesos:

★ Queso frescos

★ Quesos de pasta hilada

★ Quesos de corteza mohosa

★ Quesos de corteza lavada

★ Quesos semimaduros

★ Quesos maduros y/o prensados

★ Quesos azules

★ Quesos condimentados

Estas ocho grandes familias se clasifican en subfamilias de acuerdo con el tipo de leche que se utilice (vaca, cabra, oveja, etc.) y su tratamiento (pasteurizada o no pasteurizada). Igualmente, varias recetas de elaboración se utilizan en diferentes regiones, creando quesos con características similares, pero con nombres diferentes.

En cada una de estas ocho familias hay quesos insignia que son conocidos en muchos países. Así, por ejemplo, la mozzarella y el provolone son ejemplos de quesos de la familia de pastas hiladas. El brie y el camembert son probablemente los más famosos de la familia de quesos de corteza mohosa. El époisses de Bourgogne es un clásico de corteza lavada. El manchego o el tomme de Savoie, de corteza rígida y pasta semifirme, representan quesos de la familia de semimaduros. El emmentaler, distintivo por sus ojos, además de otros quesos producidos en los Alpes, en los montes Apeninos y otras regiones montañosas de Europa, son ejemplos de quesos maduros y/o prensados, que son normalmente duros y añejados por más de un año. Entre los quesos azules, tal vez el más famoso sea el roquefort francés, nombrado así debido al moho empleado en su elaboración; estos quesos son bien conocidos por su sabor mineral y su característico marmoleado con el moho *Penicillium roqueforti*. Finalmente, está la vasta familia de quesos condimentados, que pueden estar elaborados con hierbas aromáticas, hojas de árboles, chiles, o frutos frescos o secos.

En este libro introduzco también una subfamilia de quesos oreados. Éstos son quesos frescos que se dejan a la intemperie o se maduran artesanalmente por la exposición al medio ambiente. A estos quesos no se les puede llamar maduros por no haber tenido un proceso de añejamiento controlado en cava, donde se cuida la temperatura y la humedad. Sin embargo, esto no demerita el trabajo del quesero en orear estos quesos. Un ejemplo es el queso de la panela oreado, un queso del centro del país que al añejarse desarrolla una corteza natural y adquiere sabores complejos por la acción de bacterias y levaduras libres en el ambiente.

Los quesos se pueden realizar de varias maneras, pero en todas ellas existen tres pasos principales: cuajado, drenado y moldeado; un paso opcional es la maduración. El cuajado puede ser láctico o enzimático, y cada uno produce quesos con diferentes características. El primero está basado en la acidificación de la leche mediante elementos ácidos para que la lactosa del suero se convierta en ácido láctico, mientras que el segundo es elaborado con cuajos animales, vegetales o microbianos. El segundo paso, el drenado, comienza una vez que la leche está cuajada y tiene una apariencia de gel. Ésta se corta, rompe o moldea a mano para separar la parte sólida del suero, acciones importantes para determinar el estilo final del queso. El corte del gel en pedazos pequeños producirá quesos duros, mientras que un corte grande y amplio producirá quesos suaves y frescos. Algunos quesos requieren que en este momento el cuajo sea lavado, salado, cocinado y oreado, para obtener características particulares. El tercer paso, el moldeado, es el que otorgará la apariencia física al queso. Finalmente, la maduración, un paso opcional, se puede realizar desde un par de horas hasta años en cavas especiales.

Las leches que tradicionalmente se utilizan a nivel mundial en la elaboración de queso son las de vaca, cabra y oveja, entre las que destacan la leche de las vacas de raza Holstein y Jersey, la caprina La Mancha, y la ovina East Friesian. Por otro

Cortado de cuajada con lira.

72 °C por 15 segundos. Contrario a esto, en Europa se emplea leche bronca, es decir, leche sin pasteurizar, en la producción de varios quesos de alta calidad, lo cual les confiere sabores y aromas característicos y deseables que no proporciona la leche pasteurizada. Varios gobiernos estatales en México están realizando acciones concretas para mejorar la inocuidad de la leche, y de esa forma incentivar el uso de leche bronca a nivel artesanal. Cabe mencionar que todos los quesos mexicanos en su origen utilizaban leches broncas, con la cual se obtenían sabores característicos de acuerdo con el terruño de cada una de las regiones donde se elaboraban.

En mi opinión, y con los fundamentos mencionados antes, considero que la pasteurización no es estrictamente necesaria más que en las circunstancias ya aludidas.

Mi intención con este libro es ampliar el trabajo de los investigadores de la Universidad de Chapingo, quienes en 2008 publicaron el libro *Los Quesos Mexicanos Genuinos: Patrimonio cultural que debe rescatarse*. En este libro, Fernando Cervantes Escoto, Abraham Villegas de Gante, Alfredo Cesín Vargas y Angélica Espinoza Ortega identificaron más de treinta quesos como genuinos mexicanos. La actual apertura cultural en nuestro país ha traído beneficios a la quesería nacional, ya que el conocer quesos de otras regiones ha ayudado a incentivar a los consumidores a demandar nuevos productos, y a los productores a crear recetas originales.

Este libro muestra sólo algunos de los más característicos quesos que se producen en México, ya que existe un considerable número de variedades surgidas de la nueva quesería mexicana, que hasta hace un par de años no se producían en nuestro país. Pretender que este libro sea la guía definitiva del queso en México, solo serviría como catalizador para que los quesos que no se incluyen aquí se pierdan en el desuso de sus recetas, lo que no es mi deseo.

El criterio para seleccionar estos quesos mexicanos fue con base en su importancia nacional o regional, así como en su flexibilidad para crear recetas deliciosas donde el sabor de cada queso fuera el actor principal.

lado, en otras regiones del mundo también se elaboran quesos con leche de búfala de agua, de camella, de yegua, de yak y de alce.

El proceso de pasteurización que muchos productores de queso utilizan está basado en los avances científicos del siglo XIX promovidos por Louis Pasteur, quien descubrió que la leche podía ser calentada a ciertas temperaturas antes del punto de ebullición para eliminar microorganismos dañinos para la salud. Con este principio, la pasteurización se utiliza para prevenir que los humanos contraigan tuberculosis, brucelosis, difteria y escarlatina, así como para evitar infecciones provocadas por consumir leche contaminada que causan las bacterias *Salmonella, Listeria,* y *E. coli.*

Sin embargo, en la producción de queso la pasteurización solamente es necesaria si no se conoce la calidad de la leche, si ésta tiene el riesgo de estar contaminada o si la producción de queso es a gran escala. Una producción higiénica de leche, una dieta balanceada y un buen trato a los animales pueden asegurar leche inocua y, por tanto, quesos libres de patógenos. En México, este proceso está establecido en la NOM-243-SSA1-2010, que indica que tanto la leche como sus derivados deben pasar por un proceso de pasteurización; es decir, el calentamiento de la leche a 63 °C por 30 minutos o a

Breves antecedentes del queso en México

Tal vez la historia más romántica sobre algún queso mexicano es la del queso de bola de Ocosingo, por ser único en el mundo en cuanto a su elaboración y a su supuesto origen. Como tantas historias en la quesería mexicana, una mujer es su protagonista, quien buscando mejorar su calidad de vida comienza a elaborar queso de forma artesanal. El inicio de esta historia se encuentra en una anécdota sin confirmar, la cual cuenta que una mujer chiapaneca, que era empleada de una familia holandesa que migró a México, viaja a los Países Bajos para trabajar con sus patrones. Después de pasar un invierno crudísimo en aquella región, decide regresar a México para refugiarse del frío inaudito. Sin embargo, esta mujer extrañaría ciertas cosas que conoció en su estadía en Europa, entre ellas el queso. Al parecer este queso era el edam, el cual intenta replicar haciendo un queso en forma de bola. Así, este queso se ha producido de forma continua desde 1927 en las afueras del pueblo de Ocosingo en Chiapas. Aunque el caciocavallo del sur de Italia es similar en apariencia, la pasta central del queso de bola de Ocosingo es de una consistencia diferente y su sabor es más intenso en notas minerales, además de ser algo floral en ocasiones.

La historia anterior no es única entre los quesos genuinos mexicanos, ya que todos ellos están inspirados en recetas de quesos traídas por colonizadores, inmigrantes o mexicanos que viajaron a Europa. Con el paso del tiempo, estas recetas fueron modificadas por queseros mexicanos, adaptándose al terruño de cada zona geográfica y a las gastronomías mexicanas.

En el mundo existen ocho familias de quesos: frescos, de pasta hilada, de corteza mohosa, de corteza lavada, semimaduros, maduros y/o prensados, azules y condimentados. Todas ellas, a su vez se dividen en varias subfamilias y las diferentes regiones queseras del mundo tienen representación de un cierto estilo de queso sobre otro. Cada estilo habla de

Queso de bola de Oco[...]

una etapa específica del desarrollo de la quesería mundial, la cual inició en el periodo neolítico, aproximadamente en el año 6000 a.C., muy probablemente en lo que se denomina el Creciente Fértil de Oriente Medio, actualmente Irak, Irán, Israel, Jordania, Líbano, Palestina, Siria y Turquía. El desarrollo de diferentes estilos y técnicas queseras fue paralelo al desarrollo de grandes avances en la tecnología. En este caso, la quesería mundial evolucionó de la mano con cambios en la domesticación de animales, la metalurgia, el nacimiento y caída de grandes civilizaciones, la época de exploraciones, la revolución industrial y, finalmente, la globalización de la economía.

En México, el desarrollo de la quesería nacional comienza con la llegada de los españoles. Los mesoamericanos muy probablemente eran intolerantes a la lactosa debido a que su alimentación no incluía a la leche ni a sus derivados por la inexistencia de ganado mayor en la región. El consumo de queso estuvo limitado en un inicio a aquellos grupos con mayor contacto con las haciendas productoras de leche. Estas haciendas, ubicadas en la cuenca del Bajío y en regiones del Altiplano, domesticaban cabras, ovejas y vacas, que cumplían la doble función de producir leche y proporcionar su carne como alimento.

El momento histórico de la llegada del ganado y de las técnicas queseras al continente americano explica el porqué algunas recetas perfeccionadas en otras partes del mundo se aplicaron en el Nuevo Continente de forma casi idéntica a la original. Sin embargo, también la poca familiaridad que los americanos tenían ante estos productos provocó un efecto en el consumo de productos lácteos que se puede apreciar hasta la actualidad en México: a falta de un público acostumbrado, y por tanto demandante, de quesos maduros con sabores muy intensos, la producción inicial de queso en México fue de quesos frescos, como requesones, cuajadas, quesos frescos de rancho, y pocos quesos añejos que se maduraban por oreado o que eran de consumo lento.

Los nombres para designar a las variedades de queso que se comenzaron a elaborar en México se deben al estilo al que pertenecen, a su forma, o a la región donde se comercializan. Un ejemplo de queso nombrado por el estilo al que pertenece es el queso de hebra; por su forma, el queso de aro, y por la región, el queso Cotija, que toma el nombre de dicho municipio de la Sierra Jal-Mich, que a principios del siglo XIX tuvo un auge en la distribución de quesos. Esta práctica, de nombrar a quesos por su región de comercialización no es única en México, pues lo mismo ocurre en otras regiones del mundo. Un ejemplo es el queso inglés llamado Stilton, que fue llamado así por la región donde se vendía, en una posada a mitad de camino hacia Londres.

Los quesos mexicanos hoy

A pesar de la actual diversidad de quesos mexicanos, muchos de éstos nunca alcanzan un reconocimiento nacional y protección de su producción debido a diversos factores. El primero radica en que muchos productores dejan de elaborar quesos oriundos de sus pueblos y municipios para producir quesos de mayor renombre, lo que resulta en quesos que comparten nombre, pero son diferentes entre sí. Tal diferencia no significa que la imitación sea de mala calidad, sino que el terruño, la alimentación del ganado, la técnica quesera y los procesos de producción, entre otros factores, hacen que cada queso se desarrolle de manera independiente. Después está el desconocimiento, la falta de interés o quizá el chovinismo

de parte del consumidor, que incitan a pequeños productores a no buscar la diferenciación y el valor agregado en sus quesos. Un tercer factor que aqueja la producción de quesos mexicanos es la pobre infraestructura y el elevado costo de transportación de productos lácteos que afecta a pequeños productores; esto conlleva a que muchos quesos sólo se comercialicen en pequeñas rancherías o mercados de pueblos en las periferias de grandes ciudades. La última causa que afecta esta producción quesera es el malinchismo de algunos consumidores, ya que prefieren copias extranjeras de quesos europeos sobre estilos auténticos o recetas únicas creadas en México. Estos obstáculos son los que han impedido que la quesería mexicana se desarrolle con una variedad destacable como ocurre en ciertas naciones europeas, y sobre todo, que logre un reconocimiento internacional que tanto merece.

Hoy en día, el Instituto Mexicano de la Propiedad Industrial ha comenzado a reconocer a algunos quesos mexicanos otorgándoles Marcas Colectivas, las cuales sirven para regular a los productores comunes bajo unas reglas de uso establecidas por ellos mismos, al mismo tiempo que buscan conferir valor agregado a tales productos. Sin embargo, aún no se ha iniciado el esfuerzo necesario para que productores de quesos análogos desistan de usar nombres protegidos por las Marcas Colectivas. Ello ha ocasionado una competencia desleal entre productores artesanales y conglomerados comerciales.

A la fecha existen cuatro Marcas Colectivas otorgadas a productores tradicionales de quesos mexicanos: queso Cotija región de origen (2005); queso de bola de Ocosingo (2005); queso de poro de Balancán (2012), y queso crema de cuadro de Chiapas (2013). Varios productores en toda la República Mexicana se han acercado al Instituto Mexicano del Queso, A.C. para obtener asesoría en la obtención de una Marca Colectiva, además de que productores en Chiapas, Michoacán y Tabasco ahora buscan obtener una Denominación de Origen o Identificación Geográfica con el objetivo de proteger sus productos.

Consejos prácticos

¿Cómo consumir los quesos?

En la descripción de cada queso he incluido una sección que se titula "Empleo" con recomendaciones básicas para consumir cada uno de ellos, además de una guía de maridaje. Esta última incluye vinos, cervezas, licores, infusiones y otros comestibles, que van desde chiles y salsas, hasta mieles, mermeladas y otros alimentos, para armar una charola de quesos o crear platillos propios. En esta guía no se incluyen marcas de vino u otras bebidas, sino estilos de bebidas y tipos de alimentos para que el lector haga sus propios maridajes. Recordemos que los mejores maridajes son aquellos que más gustan a cada uno; así, esta guía es simplemente un apoyo para crear maridajes rápidos.

El consumo de quesos es muy común al final de las comidas o en una tabla como botana en reuniones. Si se desea crear una selección balanceada, recomiendo escoger al menos tres quesos diferentes, de diferentes familias, y si es posible, intercalando leches y maduraciones. El queso siempre se debe consumir del más ligero al más intenso en sabor y aroma; en ocasiones esta regla corresponde a tiempos de maduración, oreado o añejamiento. Así, siempre los quesos más jóvenes se sirven al principio, y se debe terminar con los quesos más maduros o condimentados.

¿Cómo comprar quesos?

Lo ideal es comprar queso recientemente cortado y no preempaquetado al alto vacío. Asimismo, lo mejor es acudir con un quesero que nos lo permita probar antes de comprarlo, además de que nos sugiera cuáles están en su punto. Si esto no fuera posible, es necesario verificar la fecha de elaboración y asegurarse que la apariencia del queso corresponda a la edad que se indique. Se deben evitar quesos descoloridos y aquellos que tengan mohos externos de tonos negros, café intenso, o rosa.

Un queso de calidad tiene una corteza intacta que no se ha roto por la falta de humedad o refrigeración. Los quesos con apariencia reseca en la corteza o en las orillas deberán rechazarse. Ningún queso debe tener olor a amoniaco, a desechos animales o a humedad encerrada. Los quesos con apariencia de plástico es preferible no comprarlos, ya que posiblemente hayan pasado mucho tiempo en empaques de plástico.

Asimismo, es importante leer las etiquetas del productor. Los quesos de cuajada enzimática deben contener leche, sal y cuajo. Aquellos que tienen grasas vegetales o animales, harinas de papa o leche en polvo son de baja calidad, su sabor es pobre y su valor nutricional muy bajo. Si el queso no estuviera etiquetado, es importante preguntar el nombre del productor o el rancho donde se elabora.

¿Cómo almacenar los quesos?

Se recomienda comprar sólo la cantidad de queso que se vaya a consumir en un plazo máximo de una semana. Aunque existen algunos refrigeradores de vino que se pueden utilizar para almacenar quesos semimadurados y madurados, éstos no cuentan con la humedad necesaria para preservarlos en buen estado, así que la mejor forma de conservarlos es en un lugar frío, pero con una humedad controlada. Los quesos frescos puede almacenarlos sin problemas en el refrigerador.

Es recomendable que el queso no esté empacado al alto vacío, ya que este proceso podría modificar su sabor y su consistencia a largo plazo. Una vez cortado, se recomienda no envolverlo en plástico. Si no cuenta con una quesera, puede modificar un envase de plástico o vidrio con tapa para que haga de quesera. A este contenedor puede colocarle un paño húmedo dentro y hacerle unos pequeños orificios para que circule el aire. El queso se puede poner dentro de este contenedor sobre un plástico seco para evitar la creación de hongos.

Si un queso maduro llegara a desarrollar mohos color azul o verde, puede retirar las partes del queso afectadas y seguir consumiéndolo. Sin embargo, si los mohos fueran color rosa, naranja, amarillo, café intenso o negro, es preferible desechar la pieza completa.

Todos los quesos deben estar alejados de comidas muy olorosas, ya que podrían ser afectados con sus aromas. Lo mejor es tener cebollas, ajos, y hierbas aromáticas en contenedores cerrados.

Quesos y recetas de este libro

Los catorce quesos mexicanos incluidos en este libro representan la riqueza de todas las regiones del país y la diversidad de estilos. La descripción que a continuación sigue de cada uno contiene los siguientes rubros:

- Ficha técnica, en la cual siempre se detallan:

- Familia. Se indica la familia de quesos a la que pertenece en el panorama internacional.

- Clasificación. Establecida de acuerdo con las características de dureza de la pasta, así como algún proceso particular de la misma.

- Edad. El tiempo mínimo y máximo dentro del cual el queso puede ser consumido a partir del inicio de su elaboración.

- Leche. Tipo de animal del que proviene la leche con la cual se elabora el queso.

- Tratamiento. Si la leche es pasteurizada o no.

- Regiones de producción. Consignadas por estados o por zona del país, representadas en un mapa.

Datos adicionales que pueden aparecer son:
- Otros nombres. Diversas formas en las que también se puede encontrar nombrado el queso en otras regiones del país.

- Historia y descripción, que contiene breves antecedentes del queso, sus características generales de elaboración, así como información destacable.
- Variedades, que se presentan si el queso tiene diferentes formas de ser elaborado, ya sea con modificación del proceso, de los ingredientes o de la presentación.
- Características organolépticas, en donde se indican los detalles de cada queso con relación al gusto, al olfato y a la textura.
- Empleo, que registra los usos en la cocina tradicional mexicana, además de ofrecer algunas opciones para utilizarlo en otros platillos o con ciertos ingredientes.
- Maridajes, que detalla bebidas y alimentos con los cuales combinan armónicamente los sabores del queso, entre ellos vinos, cervezas, licores e infusiones.

Asimismo, cada queso cuenta con algunas recetas en las que se emplea como ingrediente principal en preparaciones saladas y dulces, desde la clásica quesadilla hasta un risotto en su versión mexicana, o incluso acompañamientos que potencian sus sabores como un chutney, una jalea o mermeladas. Sin embargo, éstas son meramente una guía con la cual podrá realizar sus propias creaciones culinarias, ayudado con la información de las características organolépticas, el empleo y el maridaje de cada queso. El principal esfuerzo de esta publicación tiene como objetivo poder apreciar los varios estilos de quesos mexicanos.

Quesillo de hebra

Ficha técnica

Otros nombres: quesillo, queso Oaxaca

Familia: quesos de pasta hilada

Clasificación de la pasta: suave

Edad: 1 – 7 días

Leche: de vaca

Tratamiento: leche no pasteurizada
y pasteurizada

Regiones de producción: Oaxaca y Chiapas
originalmente; ahora casi todo México

Historia y descripción

Este queso se elabora mediante un singular proceso de producción: la cuajada se disuelve en agua caliente y el productor la jala para obtener las hebras características de esta familia de quesos. De este proceso proviene el nombre de quesillo de hebra, el cual refiere a su familia y hechura (de pasta hilada). Esta técnica es comúnmente utilizada en Italia para hacer mozzarellas y provolones; sin embargo, los quesos más estrechamente relacionados con el quesillo de hebra son el queso de hebra de Armenia, o los quesos de pasta hilada de Rumania. Se desconoce cómo llegó esta técnica de hilado a México; entre las especulaciones más famosas está la de la acidi-

ficación de la leche y su cocimiento en agua hirviendo para su utilización.

Se dice que Leobarda Castellanos García, una pequeña de 14 años de Etla, Oaxaca, fue quien inventó este queso por un descuido. Al parecer Leobarda estaba encargada de la hechura de queso en su casa y al descuidarse por un momento se sobrecalentó la cuajada que estaba preparando. Para resolver este percance y para que sus padres no se dieran cuenta de su error, agregó agua caliente a la cuajada, haciendo que ésta se derritiera y creara una pasta que después se pudo hilar. Esta historia es anónima, pero establece la creación del quesillo en 1885, y fue rescatada por Aurelio Domínguez-López. Al parecer, en México se empezó primero a elaborar en Etla, con leche no pasteurizada, y de ahí se extendió su uso hacia el resto del país.

En Oaxaca se le conoce como quesillo, así como en Chiapas. Cuentan los cronistas de la Ciudad de México que este queso llegaba a la capital con los migrantes que lo vendían en esquinas,

Oaxaca   Chiapas

🫓 **Estados productores**

plazas y parques. De ahí que a este queso se le llamara primero queso de los oaxacos, en forma despectiva, para luego derivar a queso Oaxaca.

La migración de oaxaqueños a Estados Unidos, en especial a California, ha hecho que este queso sea muy popular en ese país. En California, Wisconsin y Texas se produce a gran escala para el mercado estadounidense, mientras que en algunas partes de California y Nueva York se consiguen aquellos hechos artesanalmente por migrantes.

Características organolépticas

Olfato: cremoso, ácido, y lechoso.

Gusto: fresco, cremoso, con sabor a mantequilla, notas de sal y suero de leche, en ocasiones algo ácido.

Textura: húmeda, cremosa y firme, pero fácil de manejar y deshebrar.

Variedades

El queso producido en Oaxaca se trenza en una madeja circular para formar una bola, mientras que en otras partes se enrolla en forma de caracol. En Chiapas es tradicional pasteurizar la leche y añadir la crema de una ordeña anterior para hacer un queso más firme; esto hace que el deshilado sea más difícil y la hebra más gruesa.

Empleo

En Oaxaca se come en tlayudas con frijoles y manteca de cerdo; en el resto del país se come en quesadillas. En el Estado de México, Distrito Federal y Morelos se come con epazote y flores de calabaza.

Es excelente para derretir y para gratinar. También es sabroso como botana con chapulines y un mezcal joven. Por su textura es buen sustituto de carne para rellenar tamales, además de que se impregna del sabor de la salsa del mismo.

Maridajes

Vinos:	blancos dulces, con tonos frutales y lácticos.
Cervezas:	variedades hefeweizen con notas frutales.
Licores:	mezcales jóvenes con mucho cuerpo y notas a pastos.
Infusiones:	de bugambilia.
Otros:	chapulines, salsas picosas, flores de calabaza, hongos y setas.

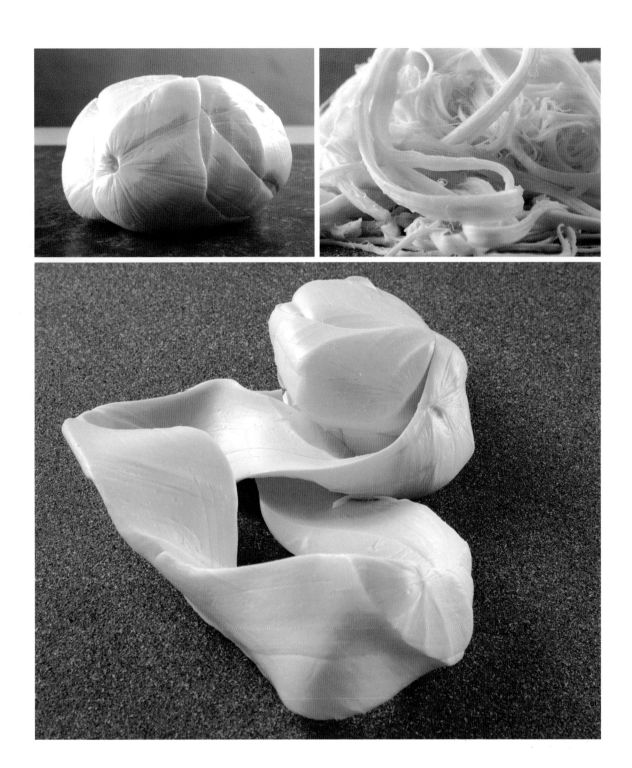

Papas chorreadas

Rendimiento: 4 porciones   **Tiempo de preparación**: 10 min   **Tiempo de cocción**: 20 min

Ingredientes
Papas
- cantidad suficiente de aceite para freír
- 1 kg de papas

Queso con chile
- 2 cucharadas de aceite de oliva
- 1 cebolla picada
- 3 chiles poblanos asados, pelados, sin semillas y cortados en cubos pequeños
- 4 jitomates cortados en cubos pequeños
- 350 ml de crema
- 2 tazas de quesillo de hebra, deshebrado
- sal y pimienta al gusto

Preparación
Papas
1. Ponga a calentar el aceite.
2. Corte las papas en gajos regulares y fríalas en el aceite hasta que estén cocidas. Sáquelas del aceite, escúrralas bien y déjelas enfriar.
3. Cuando las papas estén a temperatura ambiente, fríalas de nuevo hasta que estén crujientes por fuera. Resérvelas en papel absorbente y añádales sal.

Queso con chile
1. Caliente el aceite de oliva y sofría la cebolla por 4 minutos.
2. Agregue el chile poblano y el jitomate; mezcle por unos minutos más. Incorpore la crema, sal y pimienta al gusto.
3. Cuando la mezcla comience a hervir, retírela del fuego y agregue el queso. Mezcle hasta que éste se derrita y vierta, o "chorree", de inmediato esta preparación sobre las papas. Sírvalas enseguida.

Quesadilla frita

Rendimiento: 10 quesadillas   **Tiempo de preparación**: 15 min   **Tiempo de cocción**: 25 min

Ingredientes

Salsa roja molcajeteada
- 5 jitomates
- ½ cebolla troceada
- 1 diente de ajo
- 4 chiles serranos
- las hojas de 3 ramas de cilantro, picadas
- sal al gusto

Salsa verde cruda
- 8 tomates medianos
- ½ cebolla troceada
- 1 diente de ajo
- 4 chiles serranos
- las hojas de 3 ramas de cilantro
- sal al gusto

Quesadillas
- cantidad suficiente de aceite para freír
- 300 g de masa de maíz nixtamalizado
- 3 cucharadas de harina de trigo
- ¾ de cucharadita de polvo para hornear
- 1 cucharadita de sal
- 200 g de quesillo de hebra, deshebrado

Procedimiento

Salsa roja molcajeteada
1. Ase a fuego medio en un comal los jitomates, la cebolla, el ajo y los chiles serranos. Muévalos constantemente y retírelos del fuego una vez que se hayan ennegrecido por todos lados.
2. Martaje los ingredientes asados en el molcajete, o licúelos ligeramente hasta obtener una consistencia martajada.
3. Agregue el cilantro y sal al gusto. Reserve.

Salsa verde cruda
1. Licue todos los ingredientes hasta obtener una salsa homogénea.
2. Agregue sal al gusto. Reserve.

Quesadillas
1. Caliente suficiente aceite para freír en un sartén hondo o en una cacerola.
2. Mezcle la masa de maíz con la harina de trigo, el polvo para hornear y la sal. Mezcle y amase bien; agregue 1 cucharada de agua o más para obtener una masa que no se pegue a las manos, pero que sea moldeable.
3. Forme esferas de aproximadamente 30 gramos. Aplánelas con una máquina para tortillas entre dos láminas de plástico; deberá obtener una tortilla de 3 milímetros de grosor.
4. Coloque un poco de quesillo en el centro y cierre la quesadilla, presionando por los bordes. Fríala hasta que tome un ligero tono dorado, sáquela del aceite, escúrrala y trasládela a un plato con papel absorbente. Sirva las quesadillas con cualquiera de las salsas.
5. Repita los dos pasos anteriores con el resto de la mesa y el quesillo.

Queso asadero

Ficha técnica

Familia: quesos semimaduros

Clasificación de la pasta: semidura

Edad: 1 día – 2 semanas

Leche: de vaca

Tratamiento: leche no pasteurizada y pasteurizada

Regiones de producción: Aguascalientes, Chihuahua, Coahuila, Durango, Guanajuato y Jalisco

Historia y descripción

Éste es uno de los estilos de queso mexicanos más versátiles en nuestro país; puede tratarse desde un queso de hebra similar al provolone italiano, hasta un queso semimaduro similar al queso menonita, pero con más humedad; estas características dependen de la región donde sea elaborado. En archivos históricos no existe información específica de su creación o de los primeros productores en hacer este queso. El queso aquí fotografiado es un queso asadero de Querétaro, elaborado con leche de vacas jersey, del rancho La Hondonada.

Este estilo de queso está íntimamente relacionado con las gastronomías de los estados con grandes zonas ganaderas, que principalmente se dedican a la cría de vacas para el consumo de carne. En cientos de rancherías de las regiones donde se produce, algunos animales son criados con un doble propósito: proveer leche inicialmente para después ser consumidos como carne. De esta leche se elabora el queso asadero, el cual en un principio era de autoconsumo para ganaderos y población local. Con el desarrollo de ciudades importantes en esta región del país, principalmente aquellas en los estados de Jalisco, Aguascalientes y Guanajuato, productores rurales expandieron su producción para cubrir la demanda urbana.

La producción de estos quesos en ciudades del Bajío y en el noreste del país ahora está casi controlada en su totalidad por medianas y gran-

Chihuahua

Coahuila

Durango

Aguascalientes

Guanajuato

Jalisco

Estados productores

des compañías de lácteos y alimentos. Estos quesos son comercializados en el autoservicio, incluyendo tiendas de abarrotes, supermercados y centrales de abasto. La mayoría de estos quesos comerciales son adicionados con harinas de papa, leche en polvo, grasas vegetales o animales, creando quesos de baja calidad.

Los quesos artesanales de esta variedad son comúnmente elaborados con leche sin pasteurizar y la técnica para hacerlos incluye la cocción

Características organolépticas

Olfato: cremoso, muy floral y herbáceo, con un poco de aroma a suero de leche.

Gusto: ácido, a veces salado, y cremoso.

Textura: firme, pero con un poco de resorteo, masticable y húmeda.

rápida de la cuajada en un poco de suero de leche, lo que le permite a este queso ser jalado para crear la consistencia de pasta hilada. Estas versiones artesanales hechas con leche líquida se pueden encontrar en algunos mercados regionales y en las orillas de las carreteras y autopistas de la región.

Variedades

Es posible encontrar este queso en una versión añeja, la cual tiene un sabor característico de quesos oreados, con una acidez más elevada y una textura más seca. Estas piezas añejas son exquisitas por sí solas, por lo que algunas personas compran piezas jóvenes y las dejan destapadas en sus cocinas cerca de la estufa para que el queso se oree y obtenga ese sabor único, casi como de queso ahumado.

Empleo

Por su textura este queso se puede poner en la parilla sin que se derrita completamente. También es ideal para fundirlo en platillos mexicanos como enchiladas y molletes, así como para acompañar carnes asadas y comidas a la parrilla. Otro uso es para elaborar quesadillas o comerlo como botana.

Maridajes

Vinos: blancos dulces.
Cervezas: hefeweizen de trigo, con notas frutales.
Licores: mezcales ahumados o con notas minerales.
Infusiones: de bugambilia, menta o durazno.
Otros: carne asada y salsas picosas.

Chilaca rellena de asadero

Rendimiento: 4 porciones   **Tiempo de preparación**: 15 min   **Tiempo de cocción**: 30 min

Ingredientes
Chilaca rellena

- 4 chiles chilaca, pelados
- 200 g de queso asadero
- 1 jitomate guaje
- ¼ de cebolla morada

Arroz blanco

- 1 taza de arroz
- ¼ de cebolla
- 1 diente de ajo
- 2 tazas de caldo de pollo sin grasa
- 100 ml de aceite vegetal
- el jugo de 1 limón
- las hojas de 1 ramita de perejil, picadas
- sal al gusto

Procedimiento
Chilaca rellena

1. Abra por un costado los chiles chilaca y retire cuidadosamente las semillas y las venas. Enjuáguelos y resérvelos.
2. Corte el queso asadero en bastones gruesos, el jitomate en tiras y filetee cebolla.
3. Rellene los chiles con el queso, el jitomate y la cebolla. Resérvelos.

Arroz blanco

1. Coloque el arroz en un recipiente grande, cúbralo con agua y déjelo remojar por 5 minutos. Escúrralo y resérvelo.
2. Licue la cebolla con el diente de ajo y un poco del caldo de pollo. Reserve.
3. Caliente el aceite vegetal en una cazuela de barro o en una cacerola grande de fondo grueso. Agregue el arroz y fríalo hasta que esté dorado.
4. Cuele el exceso de aceite con un colador metálico y regrese el arroz a la cacerola a fuego alto. Agregue el licuado de cebolla y deje que se evapore el líquido.
5. Vierta el resto de caldo de pollo, el jugo de limón y sal al gusto. Cuando comience a hervir, baje el fuego al mínimo y tape la cacerola. Cueza durante 15 minutos o hasta que el arroz haya absorbido el líquido. Retírelo del fuego, coloque las chilacas rellenas encima del arroz, tape nuevamente y deje reposar durante 5 minutos.
6. Distribuya el arroz blanco en 4 platos, espolvoree con el perejil picado y coloque encima los chiles rellenos.

Huevos en cazuela

Rendimiento: 4 porciones   **Tiempo de preparación**: 5 min   **Tiempo de cocción**: 20 min

Ingredientes

- 1 lata pequeña de chiles en vinagre (105 g), drenados
- 8 huevos
- ¼ de taza de crema
- 1 taza de queso asadero rallado
- 8 rebanadas de jamón picado
- cantidad suficiente de mantequilla
- sal y pimienta al gusto

Procedimiento

1. Caliente el horno a 200 °C.
2. Pique los chiles en vinagre y resérvelos.
3. Mezcle los huevos con la crema; agregue los chiles, la mitad del queso, el jamón picado y sal y pimienta al gusto.
4. Engrase los moldes con mantequilla y cubra la base de cada uno con el queso asadero restante. Llénelos con la mezcla y hornéelos por 20 minutos. Sírvalos calientes.

Queso de bola de Ocosingo

Ficha técnica

Familia: quesos de pasta hilada por el exterior / quesos frescos por el interior

Clasificación de la pasta: dura por el exterior / semidura oreada por el interior

Edad: 28 días – 3 meses

Leche: de vaca

Tratamiento: leche no pasteurizada

Región de producción: Ocosingo, Chiapas

Historia y descripción

Éste es un queso único en México y en el mundo, ya que es singular su forma híbrida que conjunta a dos familias de quesos. En la parte exterior existen dos forros que cubren una pasta central blanda a semidura, dependiendo del añejamiento. Esta pasta se produce con leche que, una vez cuajada y cortada, se deja reposar por veintisiete días para que adquiera su sabor característico. Una vez que se drenó y oreó la pasta, se amasa para formar una bola que será cubierta con un primer forro de queso, y después de un día de secado, con un segundo forro de queso. Los forros se elaboran de leche semidescremada en un proceso de pasta hilada similar al del quesillo de hebra.

Según los lineamientos que sirvieron de base para la Marca Colectiva, este queso se empezó a producir en 1927 en Ocosingo, Chiapas, por miembros de la familia Bassoul en el Rancho Laltic. En la actualidad la Sociedad Agropecuaria e Industrial Quesera de Ocosingo S.P.R. de R.I. "Producción de Queso Bola" agremia a los productores de este queso y está encargada de supervisar la continuidad en la aplicación de las normas establecidas por la Marca Colectiva.

La historia de este queso está basada en una leyenda que cuenta la historia de una mujer del estado de Chiapas que, siendo empleada de una familia de Holanda que migró a México, empren-

Ocosingo

Chiapas

📝 Estado productor

★ Zona de producción

Características organolépticas

Olfato: la corteza tiene un aroma añejo y la pasta notas ácidas y de mantequilla.

Gusto: la corteza muy simple, con un poco de sabor a leche descremada. La pasta es mineral, herbácea, un poco ácida y a veces dulce.

Textura: la corteza dura como cera. La pasta es cremosa, densa o granular de acuerdo con el tiempo de añejamiento.

de un viaje a Europa para trabajar con sus patrones. Después de pasar un crudo invierno en los Países Bajos, regresa a México a refugiarse del frío. Sin embargo, esta mujer extraña cosas conocidas durante su viaje, entre ellas el queso. Al parecer éste era un edam, el cual intenta replicar haciendo un queso en forma de bola. El resultado parece ser el queso de bola, que, aunque no tiene la misma textura, olor, o sabor que el edam, sí se asemeja en forma, tamaño y peso.

Este queso es de gran sabor y a pesar de que no se consigue en todo el país, sí tiene un lugar especial en la gastronomía nacional por su singular historia.

Empleo

La pasta se puede usar para desmoronar sobre frijoles o antojitos mexicanos o para hacer salsas y dips. La corteza puede ser remojada con un poco de leche y sal para ablandarla y consumirla fundida; también puede secarse para remojarla en aceite vegetal y freírla para hacer chicharrón de queso.

Existe una receta muy tradicional en la cual el queso se vacía de la pasta y la corteza se rellena de picadillo de carne de res y puerco. Una vez rellenado, se hornea hasta que se cocina un poco y se sirve con tortillas cuando el queso está suave.

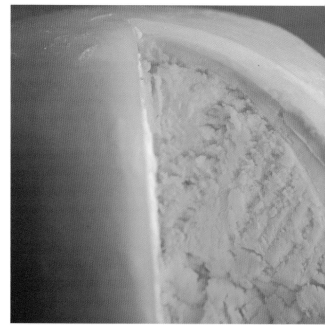

Maridajes

Vinos: blancos minerales y un poco secos, como el pinot grigio, o tintos, como el zinfandel.

Cervezas: pale ale o saison.

Licores: oportos o sake.

Infusiones: de zacate limón, piña o durazno.

Otros: la pasta interior se acompaña bien con miel, chiles o garapiñados. La corteza, con guacamole.

Costalitos rellenos de queso de bola

Rendimiento: 4 porciones   **Tiempo de preparación**: 30 min   **Tiempo de cocción**: 25 min

Ingredientes

Salsa de frijol y chile chipotle

- 1 cucharada de aceite vegetal
- ½ cebolla picada
- 250 ml de frijoles negros de la olla, colados
- 250 ml de caldo de frijoles de la olla
- 2 chiles chipotles adobados
- sal al gusto

Costales

- 12 hojas grandes de acelga
- 1 queso de bola de Ocosingo
- 10 ramitas de cebollín, picadas

Procedimiento

Salsa de frijol y chile chipotle

1. Caliente el aceite vegetal en una cacerola y sofría la cebolla por 4 minutos. Agregue los frijoles, el caldo y los chiles chipotles. Deje sobre el fuego hasta que hierva.
2. Retire la mezcla del fuego y licúela hasta obtener una preparación tersa y de consistencia ligera. Si es necesario agregue más caldo de frijoles. Añada sal al gusto y reserve.

Costales

1. Retire el tallo de las acelgas y córtelos en bastones delgados, lo más largos posibles.
2. Hierva en agua caliente por unos segundos las hojas de acelga; trasládelas de inmediato a un tazón con agua fría. Hierva los tallos de acelga el tiempo suficiente para que se tornen flexibles, pero que no se deshagan. Resérvelos.
3. Extraiga el interior del queso de bola, mézclelo con el cebollín y reserve.
4. Escurra las hojas de acelga y extiéndalas boca abajo, distribuya encima la mezcla de queso en el centro. Tome los extremos de cada hoja y júntelos en el centro para formar costalitos. Átelos con los bastones de tallos de acelga.
5. Caliente los costalitos en una vaporera y sírvalos encima de un espejo de salsa de frijol y chile chipotle.

Queso de bola de Ocosingo relleno

Rendimiento: 4 porciones   **Tiempo de preparación**: 40 min   **Tiempo de cocción**: 35 min

Ingredientes
Relleno
- 1 cucharada de aceite vegetal
- 1 diente de ajo picado
- ¼ de cebolla picada
- 350 g de carne de cerdo molida
- 5 jitomates picados
- 1 hoja de laurel
- 3 ramitas de tomillo
- 100 g de pasitas
- 50 g de almendras
- 1 pizca de canela
- 1 pizca de nuez moscada
- sal y pimienta al gusto

Salsa de jitomate y guajillo
- 500 g de jitomate
- 6 chiles guajillos sin semillas ni venas
- 1 diente de ajo
- ¼ de cebolla
- 1 cucharada de aceite vegetal
- sal al gusto

Queso
- 4 quesos de bola de Ocosingo
- ¼ de cebolla morada, marinada previamente en jugo de limón

Procedimiento
Relleno
1. Caliente en una cacerola el aceite vegetal y sofría el ajo y la cebolla por 3 minutos.
2. Agregue la carne de cerdo molida y continúe la cocción hasta que la carne se dore y los jugos se hayan evaporado.
3. Añada el jitomate picado, la hoja de laurel y las hojas de tomillo. Cuando la preparación haya perdido humedad retírela del fuego y agregue las pasitas, las almendras, la canela y la nuez moscada. Retire la hoja de laurel, salpimiente y reserve.

Salsa de jitomate y guajillo
1. Hierva los jitomates con los chiles guajillo, el ajo y la cebolla.
2. Licue los ingredientes y cuélelos.
3. Caliente el aceite vegetal en una cacerola, fría la salsa y deje que espese. Añada sal al gusto y reserve.

Queso
1. Remoje los quesos de bola de Ocosingo en agua tibia por lo menos 20 minutos.
2. Cuando estén reblandecidos, haga una incisión en la parte superior y retire el interior con ayuda de una cuchara, cuidando de no romper las cortezas.
3. Mezcle la mitad del queso que retiró con el relleno de carne y rellene las cortezas del queso con esta preparación.
4. Caliente los quesos en una vaporera hasta que el interior se caliente.
5. Sirva los quesos con la salsa de jitomate y guajillo y decore con la cebolla morada.

Queso Cotija

Ficha técnica

Familia: quesos madurados y/o prensados

Clasificación de la pasta: dura

Edad: 4 semanas – 60 meses

Leche: de vaca

Tratamiento: leche no pasteurizada

Regiones de producción: Zona de la Sierra Jal-Mich, Jalisco y Michoacán

Historia y descripción

Este queso, junto con el quesillo de hebra y el panela, es uno de los quesos más famosos, en ocasiones considerado como el estandarte de los quesos mexicanos. Su nombre proviene del pueblo de Cotija (Michoacán), donde productores de quesos de las sierras aledañas llegaban a comercializar sus productos. Es un queso que se elabora únicamente durante la época de lluvias, es decir, de julio a septiembre, cuando los pastos son más verdes y exuberantes y las vacas se encuentran en etapa de lactancia.

Un queso Cotija genuino tiene forma cilíndrica, un tamaño promedio de 40 centímetros de diámetro por 20 centímetros de altura, y pesa alrededor de 20 kilogramos a los 100 días de añejamiento. La maduración se realiza en los mismos

Estados productores
★ Zona de producción

ranchos de la Sierra Jal-Mich, zona donde cada productor comercia sus quesos en los pueblos y ciudades aledañas. Desde hace varios años una pequeña parte de la producción es acopiada en el Mesón del Queso Cotija, la cual continúa madurándose en las cavas con estricto control de maduradores como el sr. Esteban Barragán, para que el queso adquiera su característico sabor mineral y un color ocre en su pasta y corteza. La mineralidad específica de este queso proviene de la sal de Colima, la cual no contiene yodo, permitiendo que el salado sea más uniforme. Este queso se puede madurar por un largo tiempo, hasta por 60 meses, obteniendo sabores más intensos y texturas más granulares. A pesar de esto, el mercado nacional no remunera el trabajo de cava para los quesos; es por ello que no existe aún una red de maduradores profesionales en nuestro país que se encarguen de este proceso y que absorban el riesgo de dicho trabajo.

El queso Cotija genuino se elabora actualmente sólo en unos 200 ranchos dispersos en la sierra Jal-Mich. Cuenta con una Marca Colectiva otorgada por el Instituto Mexicano de la Propiedad Industrial (IMPI) el 20 de marzo de 2005 a 93 productores agrupados en la Asociación Regional de Productores de Queso Cotija. La región protegida por esta Marca Colectiva incluye la jurisdicción de los municipios de Santa María del Oro, en Jalisco, y sur de Tocumbo y de Cotija, en Michoacán. Además se extiende a territorio de los siguientes municipios vecinos a los anteriores: en Jalisco, norte de Jilotlán de los Dolores, oriente de Tamazula, sur de Valle de Juárez y de Quitupan. En Michoacán, suroeste de los Reyes, Peribán y Tancítaro y norte de Buena Vista Tomatlán.

Este queso se produce desde mediados del siglo pasado con leche de vacas de raza híbrida que son cruzas de la raza criolla con raza cebú; más recientemente se produce con las razas Suiza, Jersey y Holstein. El ganado criollo llegó a la región aproximadamente en 1545, junto con ganados ovinos que se utilizaban por su carne y lana. En esta región se produce también jocoque, requesón y mantequilla agria con la leche de vaca.

Aunque este queso ya obtuvo una Marca Colectiva, no se le ha otorgado una Denominación de Origen. Sin embargo, los productores continúan cabildeando ante el Instituto Mexicano de la Propiedad Industrial para obtener tal distinción.

Variedades

Existen muchas versionas análogas en el mercado, principalmente producidas en Chiapas, Hidalgo y Tabasco. Estos quesos suelen ser de pasta blanca con notas de sal ácida; muchos están elaborados con aditivos y con leche pasteurizada de destajo; es decir, leche que por su baja calidad no alcanza a comercializarse a los conglomerados de leche en Tetra pak®.

Asimismo, existe en los municipios de Valle de Apatzingán, en la región de Tierra Caliente, un queso muy parecido al Cotija que se llama queso de Tepeque y de la Ruana, mismo que desde el año 2011 cuenta con la Marca Colectiva ARIMAO, pero que aún no utiliza. Aunque este queso es de gran calidad y su sabor se asemeja por la mineralidad al queso Cotija genuino, el terruño de la sierra Jal-Mich es muy diferente al del valle de Tierra Caliente, lo cual hace que el queso Cotija sea único en su sabor y textura. Para distinguir al queso Cotija genuino es necesario asegurarse que éste traiga la indicación de la Marca Colectiva otorgada a la Asociación Regional de Productores de Queso Cotija, S.P.R. de R.I.

Características organolépticas

Olfato: mineral, floral y a veces un poco ácido con notas a frutas maduras.

Gusto: salado, ácido y muy herbáceo, similar a paja silada.

Textura: desde desmoronable y granular (queso de grano); hasta compacta (queso de tajo); dependiendo de la maduración, un poco dura.

Empleo

Ideal para desmoronar sobre antojitos mexicanos, o como sustituto del queso parmiggiano-reggiano en pastas italianas. Por su sabor mineral y poco salado, combina de forma ideal con pastelería de chocolate dulce y con mermeladas de frutos maduros.

Este queso es probablemente uno de los quesos más versátiles, ya que puede consumirse solo, en platillos dulces y salados, en platillos de la cocina mexicana y como sustituto de quesos de otras cocinas donde se requiera de un queso salado con cuerpo y buen balance de mineralidad y cremosidad.

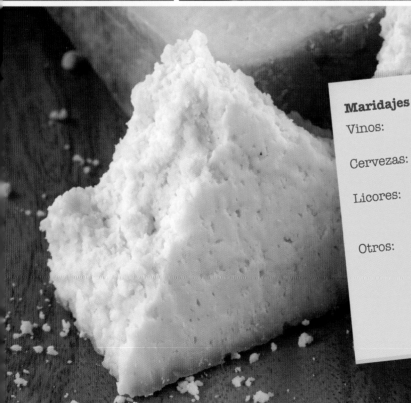

Maridajes

Vinos: riesling, muscatel y vinos tintos con mucho cuerpo.

Cervezas: stout, imperial stout, chocolate stout.

Licores: brandy, ron añejo o mezcal espadín joven cupreta y bacanora.

Otros: chocolate, miel, mermeladas de frutas dulces con poca acidez, salsas de tomate y jitomato, pesto, tapenade y salsas ligeramente picantes.

Bisquets con queso Cotija

Rendimiento: 8 porciones   **Tiempo de preparación**: 20 min   **Tiempo de cocción**: 12 min

Ingredientes

- 2 tazas de harina de trigo
- 3 cucharaditas de polvo para hornear
- ½ cucharadita de sal
- ¼ de taza de queso Cotija rallado
- 45 g de mantequilla
- ¾ de taza de leche
- 1 yema

Procedimiento

1. Precaliente el horno a 180 °C.
2. Cierna en un tazón grande la harina junto con el polvo para hornear. Agregue la sal y el queso Cotija y mezcle perfectamente.
3. Corte la mantequilla en trozos y añádalos a los ingredientes secos. Incorpore con la punta de los dedos la mantequilla con la mezcla de harina hasta obtener una consistencia de arena.
4. Vierta poco a poco la leche mientras mezcla; al final debe obtener una masa que no se pegue en las manos.
5. Coloque la masa en una superficie enharinada y extiéndala con un rodillo hasta obtener 4 centímetros de grosor. Porcione la masa con un cortador circular de 7 centímetros de diámetro.
6. Barnice los bisquets con la yema y hornéelos de 10 a 12 minutos.

Ravioles de camote con Cotija

Rendimiento: 6 porciones   **Tiempo de preparación**: 40 min   **Tiempo de cocción**: 35 min

Ingredientes
Pasta
- 150 g de harina de trigo
- 1 huevo
- 2 yemas
- sal al gusto

Puré de camote con Cotija
- 250 g de camote naranja
- 50 g de piloncillo
- 2 cucharadas de queso Cotija rallado

Ravioles
- 100 g de rebanadas de tocino
- 1 huevo batido ligeramente
- 90 g de mantequilla
- 3 hojas de salvia picadas
- c/s de queso Cotija cortado en lajas

Procedimiento
Pasta
1. Haga la forma de un volcán con la harina de trigo. Coloque en el centro el huevo, las yemas y la sal. Mezcle hasta obtener una masa homogénea que no se pegue a las manos.
2. Envuelva la pasta en plástico autoadherible y refrigérela durante 20 minutos como mínimo.

Puré de camote con Cotija
1. Pele el camote y hiérvalo en poca agua con el piloncillo.
2. Cuando esté cocido, cuélelo y hágalo puré. Agregue el queso Cotija, mezcle y deje enfriar.

Ravioles
1. Coloque las rebanadas de tocino entre hojas de papel absorbente en un plato extendido; caliéntelo en el microondas hasta que esté crujiente. Desmorónelo y resérvelo.
2. Extienda la pasta lo más delgado posible con ayuda de un rodillo o con una máquina para pasta.
3. Corte la pasta en dos partes iguales a lo largo. Distribuya en una de ellas porciones de 1 cucharada del puré de camote y Cotija, dejando 5 centímetros de separación entre cada una. Barnice con el huevo alrededor de las porciones de puré.
4. Coloque la mitad de pasta restante encima de las porciones de puré y presione todos los bordes que rodean a este último para formar los ravioles; evite dejar bolsas de aire al interior y entre cada raviol.
5. Separe con un cortador de 5 centímetros de diámetro cada raviol y resérvelos.
6. Hierva los ravioles en agua con sal hasta que estén al dente entre 6 y 8 minutos aproximadamente. Cuélelos.
7. Saltee los ravioles con la mantequilla y las hojas de salvia. Sírvalos espolvoreados con el tocino y el queso Cotija en lajas.

Risotto con hongos y Cotija

Rendimiento: 5 porciones   **Tiempo de preparación**: 10 min   **Tiempo de cocción**: 40 min

Ingredientes

Hongos

- 1 cucharada de aceite de oliva
- 1 diente de ajo picado
- ¼ de cebolla picada
- 150 g de hongos surtidos (champiñón, portobello, setas, etc.) rebanados
- 1 rama de epazote
- sal y pimienta al gusto

Risotto

- 1 litro de caldo de pollo
- 2 cucharadas de mantequilla
- 1 diente de ajo picado
- ½ cebolla picada
- 1 taza de arroz arborio
- los granos de ½ elote
- ½ taza de vino blanco
- ½ taza de queso Cotija
- 1 cucharada de perejil picado
- sal al gusto

Procedimiento

Hongos

1. Caliente en un sartén el aceite de oliva y sofría el ajo y la cebolla.
2. Agregue los hongos y la rama de epazote; retire del fuego cuando los hongos estén cocidos.
3. Retire la rama de epazote, agregue sal y pimienta al gusto y reserve.

Risotto

1. Ponga a hervir el caldo de pollo, agréguele sal y resérvelo caliente.
2. Caliente en una cacerola la mantequilla a fuego medio y sofría el ajo y la cebolla.
3. Agregue el arroz y los granos de elote y sofría por 1 minuto más.
4. Añada el vino blanco y deje que se evapore.
5. Agregue un tercio del caldo de pollo caliente y deje que el arroz lo absorba mientras lo mezcla. Repita esta operación dos veces más, incorporando los hongos antes de verter el último tercio de caldo.
6. Al final añada el queso Cotija, retire del fuego y mezcle hasta integrar todos los ingredientes. Agregue sal si fuera necesario, espolvoree el perejil picado y sirva.

Queso de cabra

Ficha técnica

Familia: quesos frescos

Clasificación de la pasta: suave

Edad: 1 día – 3 semanas

Leche: de cabra

Tratamiento: leche pasteurizada

Regiones de producción: Aguascalientes, Guanajuato, Jalisco, Michoacán y Querétaro

Historia y descripción

La producción de queso de cabra natural fresco tiene sus orígenes en el antiguo creciente fértil de Medio Oriente. Al parecer las primeras producciones de este tipo de queso preceden al nacimiento de la cultura quesera mundial. Se trata de un queso elaborado con una técnica de coagulación por acidificado, la cual no requiere enzimas externas ni tampoco refrigeración. Este factor hace que el queso de cabra se siga produciendo de manera artesanal para autoconsumo en muchas partes del mundo. Sin embargo, es probable que los quesos frescos de cabra más famosos sean los rollos de queso fresco de Francia, conocidos con el nombre genérico de *chèvre,* y el crottin de Chavignol. Los quesos más famosos en esta subfamilia son el Crottin de Chavignol, Sainte-Maure de Touarine, Valençay y Pouligny Saint Pierre, y con base en ellos aparecen muchas copias comercia-les. Desafortunadamente, en México a muchos quesos de cabra se les denomina "tipo Boursin", lo que es un error, ya que el *boursin* de Normandía es un queso de leche de vaca y lo único en común con el queso de cabra en México es su color blanco.

Es probable que en México este tipo de quesos se empiece a producir durante y después de la Revolución, cuando el uso militar de trenes irrumpe la transportación de alimentos, haciendo mucho más difícil el traslado de leche de vaca. Estos quesos entonces se comienzan a producir para el autoconsumo y venta en algunas de las ciudades de la región del Bajío. Algunas fuentes culinarias del pasado (históricas) entre ellas, archivos y recetarios, señalan que el afrancesamiento de la so-

Aguascalientes

Guanajuato

Querétaro

Jalisco

Michoacán

🫘 Estados productores

ciedad durante el mandato de Porfirio Díaz, trajo consigo el gusto por productos de ultramar, entre ellos los quesos maduros de oveja de España y algunos productos franceses. Es posible que también el gusto por quesos de cabra frescos esté relacionado a esta época de apertura a gastronomías extranjeras.

En la actualidad, la producción de queso de cabra fresco es aún para un mercado de alto poder adquisitivo debido a la falta de conocimiento para usarlo en la gastronomía nacional. Sin embargo, su valor nutrimental es considerable, ya que es alto en proteínas y calcio, además de que es bajo en potasio. Además, muchas veces es de fácil digestión para personas con intolerancia a la lactosa. En caso de que adquiera este queso en los supermercados y tiendas de conveniencia, debe verificar que no contenga grasas vegetales en su elaboración para asegurarse de que sea un queso de calidad.

Cabe mencionar que en el año 2012 el queso Pasión obtuvo una medalla de bronce en los World Cheese Awards. Fue elaborado por Javier

Chauran y su esposa Mónica del Río, con leche de cabra, cubierto con ceniza y moho *Geotricum candidum* y con forma de corazón. Este hecho es destacable por ser el primer queso de cabra mexicano en obtener tal reconocimiento internacional y por formar parte de la nueva quesería mexicana.

Características organolépticas

Olfato: ácido, lechoso y dulce.

Gusto: fresco, cremoso y dulce; en ocasiones mineral y salado cuando está madurado.

Textura: cremosa, húmeda y densa cuando es fresco; en ocasiones granular cuando el queso está madurado con mohos.

Empleo

Comúnmente es utilizado en ensaladas de verduras y lechugas. También es excelente sustituto del queso doble crema de vaca en la repostería y para hacer salsas cremosas, pero con más cuerpo que con crema de leche de vaca. Exquisito con mermeladas, mieles y chocolate.

Es ideal como botana con pan, vino y frutas frescas, como higos, o frutos secos como nueces.

Maridajes

Vinos: blancos secos de uva sauvignon blanc o tintos suaves de la variedad tempranillo.

Cervezas: witbiers y lambicas.

Licores: coñac y algunos cocteles de Ginobra con mucha fruta y poca acidez.

Infusiones: de naranjo.

Otros: frutos secos, frutos del bosque, higos, pasas, manzanas, chocolate, miel, pimienta, ajonjolí y ajo.

Sopa cremosa de cuitlacoche

Rendimiento: 5 porciones   **Tiempo de preparación**: 10 min   **Tiempo de cocción**: 15 min

Ingredientes

- 1 cucharadita de aceite vegetal
- ½ cebolla picada
- 1 diente de ajo picado
- ½ chile serrano picado (opcional)
- 4 hojas de epazote picadas
- 300 g de cuitlacoche
- 500 ml de caldo de pollo
- 100 g de queso de cabra
- 1 cucharada de cebollín picado finamente
- 1 tortilla cortada en tiras delgadas, fritas
- sal al gusto

Procedimiento

1. Caliente en una cacerola el aceite vegetal y sofría la cebolla y el ajo. Agregue el chile serrano, el epazote y el cuitlacoche. Continúe la cocción por 5 minutos o hasta que el cuitlacoche esté bien cocido.
2. Licue los ingredientes anteriores con el caldo de pollo y la mitad del queso de cabra. Añada el molido a la cacerola, agregue sal y caliéntela. Antes de que hierva, retírela del fuego. Si la crema estuviera muy espesa, añada más caldo de pollo.
3. Sirva la crema en tazones y decore con el cebollín picado, las tiras de tortilla y el queso de cabra restante desmoronado.

Tarta dulce de queso de cabra

Rendimiento: 8 porciones   **Tiempo de preparación**: 1 h   **Tiempo de cocción**: 20 min

Ingredientes

Pasta sablée

- 125 g de mantequilla
- 250 g de harina de trigo
- 70 g de azúcar glass
- 1 huevo
- ¼ de cucharadita de sal

Relleno de queso de cabra

- 113 g de queso crema
- 125 ml de crema ácida
- 170 g de queso de cabra
- 100 g de azúcar
- 2 huevos
- ¼ de cucharadita de esencia de vainilla

Presentación

- 200 g de higos frescos
- 100 g de moras azules
- 100 g de frambuesas

Procedimiento

Pasta sablée

1. Corte la mantequilla en cubos y resérvela a temperatura ambiente.
2. Cierna la harina y el azúcar glass en una superficie de trabajo. Agregue los cubos de mantequilla y frote rápidamente la harina con la palma de la mano hasta obtener una mezcla con consistencia de arena.
3. Forme una corona con la preparación previa y agregue en el centro el huevo ligeramente batido y la sal. Mezcle los ingredientes sin amasar.
4. Incorpore los ingredientes de la pasta presionándola con una raspa, sin amasarla. Forme un círculo con la pasta, envuélvala en plástico adherente y refrigérela por lo menos durante 30 minutos.
5. Precaliente el horno a 160 °C.
6. Enharine una superficie de trabajo, coloque encima la pasta y estírela con un rodillo hasta que tenga 3 milímetros de grosor. Enróllela parcialmente en el rodillo, levántela y coloque debajo moldes individuales para tarta. Cubra por completo la superficie de los moldes, pique con un tenedor la pasta y hornéelos por 7 minutos. Reserve.

Relleno de queso de cabra

1. Acreme el queso crema y lícuelo con la crema. Añada el resto de los ingredientes y licue de nuevo hasta obtener una mezcla homogénea.

Presentación

1. Vierta el relleno en los moldes con pasta y hornéelos por 12 minutos o hasta que el relleno esté cocido. Deje enfriar las tartas y refrigérelas.
2. Decore con las frutas antes de servirlas.

Queso de cincho

Historia y descripción

Éste es uno de los quesos más difícil de definir dentro de la quesería mexicana, ya que no es propiamente un queso, sino una subfamilia de quesos característicos por la forma que toma su corteza después de ser amarrado con una reata y por el color rojo que tienen después de ser brillados con chile guajillo. Existen tres tipos de este estilo de queso:

- Chiapas: es un queso maduro y con notas minerales.
- Morelos: también es llamado criollo o asadero. Sólo se madura por un periodo corto y tiene notas florales o herbáceas dependiendo de la alimentación de los animales.
- Guerrero: es más fresco, con sabor láctico y húmedo.

En otras regiones se producen quesos similares a los cuales se les llama añejos y son reconocibles por su textura y el color externo.

Los tres quesos son hechos con cuajadas muy ácidas, a las que se les permite desmineralizarse por un largo periodo para prevenir que se descompongan en climas muy cálidos, donde comúnmente no existía refrigeración continua. Para recuperar un poco del sabor perdido durante el reposo de la cuajada, este queso es salado a mano y de ahí que su sabor al madurar sea muy mineral y a veces muy salado. En algunas partes de la república este queso se usa como sustituto

Estados productores

de queso Cotija, pero su sabor es muy diferente por el terruño específico de cada región de producción. El queso aquí fotografiado proviene del estado de Chiapas.

La técnica de brillar el queso con chile guajillo responde a una necesidad de evitar que los insectos se acerquen. Ésta es una vieja costumbre que comenzó cuando se producían quesos para autoconsumo y se cubrían con ceniza de carbón de la estufa doméstica. Ejemplo de ello es el queso de cabra natural que se cubre con

Características organolépticas

Olfato: lactico, minoral y con mucho aroma a pasto.

Gusto: salado y a veces ácido o muy intenso en su mineralidad.

Textura: dependiendo de la maduración: desde tajable y con algo de resorteo, hasta duro y fácil de rallar.

ceniza; ahora se usa meramente por estética. De la misma manera, el brillado con chile guajillo da una apariencia más estética a un queso que ha sido madurado y podría tener algunas manchas normales del trabajo de cava.

Empleo

En cualquiera de sus versiones es un gran queso en antojitos mexicanos. Los más frescos se pueden cortar y poner en pedacitos completos, mientras los más madurados sirven para rallar o desmoronar.

Los más maduros son un gran acompañamiento para licores. En Morelos rebanadas grandes de este queso se calientan en la parrilla hasta que se endurecen. Estos pedazos de queso se comen como botana con aguacates criollos, junto con acociles salados y limón.

Maridajes

Vinos: riesling.
Cervezas: kölsch, pilsner, India pale ale.
Licores: tequila añejo reposado y mezcales con
            notas ahumadas.
Infusiones: dulces, que contengan frutas.
Otros: salsas picantes, tapenade, aceitunas
            en salmuera y charales.

Gorditas con quelites y queso

Rendimiento: 3 porciones   **Tiempo de preparación**: 15 min   **Tiempo de cocción**: 35 min

Ingredientes

Salsa verde
- 500 g de tomates
- 4 chiles serranos
- ½ cebolla entera + ¼ de cebolla picada
- 1 diente de ajo
- 3 ramas de cilantro picadas
- sal al gusto

Gorditas
- 500 g de masa de maíz, fresca
- 100 g de queso de cincho rallado

Quelites
- 1 manojo de quelites mixtos, limpios
- 2 cucharadas de aceite vegetal
- 1 cebolla fileteada
- 1 diente de ajo picado
- 100 g de queso de cincho cortado en rebanadas
- ½ cebolla morada fileteada
- sal al gusto

Procedimiento

Salsa verde
1. Hierva en suficiente agua los tomates, los chiles, la media cebolla y el diente de ajo.
2. Cuele los ingredientes y licuelos. Agregue el cilantro, la cebolla restante, sal al gusto y mezcle perfectamente.

Gorditas
1. Mezcle la masa de maíz con el queso de cincho y divida la masa en porciones de 100 gramos aproximadamente. Forme gorditas con ellas y cuézalas en un comal. Reserve.

Quelites
1. Hierva en suficiente agua con sal los quelites hasta que estén cocidos. Escúrralos y resérvelos.
2. Caliente el aceite vegetal y sofría la cebolla y el ajo. Agregue los quelites y fríalos un par de minutos. Añada sal al gusto y reserve.
3. Abra las gorditas y rellénelas con los quelites, el queso de cincho y la cebolla morada. Sírvalas con la salsa verde.

Pambacitos vegetarianos

Rendimiento: 4 porciones   **Tiempo de preparación**: 15 min   **Tiempo de cocción**: 15 min

Ingredientes

Salsa de chile guajillo

- 1 ½ tazas de agua
- 8 chiles guajillos
- 1 diente de ajo
- ¼ de cebolla
- sal al gusto

Pambazo

- 2 tazas de verdolagas limpias
- 8 cucharadas de aceite de oliva
- el jugo de 1 limón
- 8 panes para pambazo pequeños
- 1 taza de frijoles negros refritos
- 100 g de queso de cincho cortado en rebanadas
- 1 ½ aguacates rebanados
- 1 jitomate guaje cortado en gajos
- ½ cebolla morada fileteada

Procedimiento

Salsa de chile guajillo

1. Caliente el agua y hierva los chiles, el ajo y la cebolla hasta que se suavicen. Licúelos con el agua de cocción para obtener un caldillo ligero. Cuélelo, agregue sal al gusto y reserve.

Pambazo

1. Mezcle las verdolagas con 3 cucharadas de aceite de oliva y el jugo de limón. Salpimiente y reserve.
2. Caliente el aceite restante en un sartén amplio, pase los panes por la salsa de guajillo y fríalos uno por uno por ambos lados, hasta que se doren.
3. Abra cada pambazo por la mitad y úntelos con frijoles refritos; distribuya en cuatro mitades las verdolagas, el queso de cincho, el aguacate, el jitomate y la cebolla morada. Cierre los pambazos.
4. Sirva dos pambazos pequeños por persona.

Queso crema de cuadro de Chiapas

Ficha técnica

Otros nombres: queso doble crema, queso de crema tropical, queso de marco, queso chiapaneco

Familia: quesos frescos

Clasificación de la pasta: suave, en ocasiones oreada

Edad: 2 semanas – 3 meses

Leche: de vaca

Tratamiento: leche no pasteurizada

Regiones de producción: Chiapas y Tabasco

Historia y descripción

Al parecer este queso tiene sus orígenes en Chiapas, donde se produce desde hace más de medio siglo en la zona limítrofe con el estado de Tabasco. Existen pequeñas variaciones entre el queso de la costa tabasqueña, el queso de la costa chiapaneca y aquél de la sierra de Chiapas. En la costa de Tabasco se le llama queso de crema tropical, tiene una forma rectangular y se comercializa cubierto en papel celofán amarillo o rojo; presenta un sabor ácido y salado y en ocasiones se comercializa oreado. El de la costa chipaneca es muy similar en sabor al anterior y también está cubierto con papel celofán amarillo o rojo. En la zona de la sierra, principalmente en Rayón, se le conoce como queso de cuadro debido a su for-

ma característica de cubo, proveniente del molde de madera utilizado para dar forma a la pasta de este queso. Éste no va cubierto de papel y se comercializa fresco, a comparación de la variedad de Tabasco.

En Tuxtla Gutiérrez y Villahermosa se le llama comúnmente queso doble crema, y se diferencia de los otros debido a que muchos productores añaden la crema de la ordeña de la tarde a la leche de la ordeña de la mañana, logrando que el queso tenga el doble contenido de crema. Esta característica no todos los quesos de cuadro la poseen, otorgándole una textura y sabor únicos. El gobierno del estado de Chiapas ha creado incentivos para productores de este tipo de queso y lo comercializa como queso Chiapas o queso chiapaneco en la Ciudad de México, si-

Costa tabasqueña

Tabasco

Chiapas —

Sierra de Chiapas

Costa chiapaneca

Estados productores

★ Zona de producción

guiendo la tradición basada en el queso Oaxaca para designar su lugar de origen

Variedades

Existe una versión que se elabora con chile chiltepín y otra bicolor llamada corazón de mantequilla. Este último se utiliza como regalo para celebraciones y es muy apreciado por su sabor único al tener la mitad de queso natural, la mitad enchilada y en la capa del centro una línea de

Características organolépticas

Olfato: ácido, con notas de mantequilla y un poco amargo cuando está añejado.

Gusto: mineral, salado, ácido y muy cremoso. Ya añejado, en ocasiones el sabor se vuelve muy intenso con mucho sabor cítrico-dulzón.

Textura: fresca, suave, húmeda y compacta. Añejado, la pasta se vuelve dura.

mantequilla fresca. Actualmente también se puede conseguir un queso tricolor que lleva, además, una capa de queso enchilado con chile serrano para formar una bandera.

Empleo

Excelente opción para rellenar, espolvorear, y cocinar antojitos mexicanos. Por su sabor y textura se puede combinar perfectamente con guisos salados o con postres y otros platillos dulces. También se puede utilizar como botana con trozos de fruta madura o hasta en ensaladas de verduras.

Es un buen sustituto del queso feta y otros quesos de estilo frescos y salados. Se puede también disolver en salsas para darles cuerpo y un gusto más complejo. Combina muy bien con el sabor de los chiles poblanos. El uso tradicional es sobre frijoles caldosos.

Maridajes

Vinos: afrutados con poca mineralidad, principalmente aquellos con notas a durazno o nectarina.

Cervezas: variedades pale ales con poco lúpulo, pero muy aromáticas.

Licores: tequilas y mezcales reposados que ayuden a balancear la acidez del queso.

Infusiones: de cedrón.

Otros: miel de abeja y de agave; chiles chipotle y de árbol; mermeladas de frutos maduros, verduras caramelizadas y chipilín.

Dip caliente de alcachofa

Rendimiento: 6 porciones   **Tiempo de preparación**: 5 min   **Tiempo de cocción**: 20 min

Ingredientes

- 150 g de rebanadas de tocino
- ½ cebolla picada
- 2 dientes de ajo picados
- 300 g de espinacas sin tallos, picadas
- 1 lata de corazones de alcachofa, drenados y picados
- 350 g de queso crema de cuadro de Chiapas rallado
- 1 taza de crema ácida
- 1 pizca de pepperoncino
- ½ taza de queso Cotija
- sal y pimienta al gusto
- totopos al gusto

Procedimiento

1. Fría las rebanadas de tocino hasta que estén ligeramente crujientes. Píquelas y reserve el tocino y la grasa aparte.
2. Precaliente el horno o el gratinador del mismo.
3. Caliente en una cacerola pequeña la grasa del tocino y saltee la cebolla y el ajo. Agregue las espinacas y cocine por 2 minutos más.
4. Añada los corazones de alcachofa, el queso crema de cuadro de Chiapas, la crema, el pepperoncino, la mitad del tocino y la mitad del queso Cotija. Deje sobre el fuego un par de minutos.
5. Traslade la mezcla a un refractario pequeño, espolvoree el queso Cotija restante y gratine en un horno la superficie del dip.
6. Espolvoree el tocino restante y sirva acompañado de totopos.

Empanada mar y queso

Rendimiento: 5 porciones   **Tiempo de preparación**: 15 min   **Tiempo de cocción**: 25 min

Ingredientes

- 2 cucharadas de aceite vegetal
- ½ cebolla picada
- 1 diente de ajo picado
- 100 g de camarones limpios y picados
- 1 manojo de espinacas limpias y picadas
- 1/2 taza de queso crema de cuadro de Chiapas rallado
- 1 paquete de discos de masa para empanadas
- 1 huevo batido
- sal y pimienta al gusto

Procedimiento

1. Caliente en un sartén amplio el aceite y acitrone la cebolla y el ajo. Agregue los camarones y las espinacas y saltee por 5 minutos. Salpimiente, añada el queso crema de cuadro de Chiapas, deje enfriar y reserve.
2. Precaliente el horno a 180 °C.
3. Rellene con el salteado un disco de masa para empanada y barnice el borde con huevo batido. Selle perfectamente los bordes y márquelos con un tenedor. Repita este proceso con todos los discos y el relleno.
4. Barnice con el huevo batido restante las empanadas y hornee por 15 minutos o hasta que la superficie se dore.
5. Sirva las empanadas con una ensalada verde.

Tortilla de huauzontle

Rendimiento: 4 porciones   **Tiempo de preparación**: 25 min   **Tiempo de cocción**: 25 min

Ingredientes

Salsa de chile chipotle

- ¼ de taza de caldo de pollo
- 250 g de jitomates
- 1 diente de ajo
- 1 chile chipotle adobado
- ¼ de cebolla
- sal al gusto

Tortilla

- 200 g de huauzontles
- 2 cucharadas de aceite vegetal
- ½ cebolla picada
- 3 huevos
- 2 claras
- 50 ml de crema ácida
- ¾ de taza de queso crema de cuadro de Chiapas rallado
- sal y pimienta al gusto

Procedimiento

Salsa de chile chipotle

1. Hierva en el caldo de pollo los jitomates, el ajo y la cebolla.
2. Licue los ingredientes con el caldo de pollo, el chile chipotle y sal al gusto hasta obtener una salsa tersa y homogénea. Reserve.

Tortilla

1. Separe los huauzontles de sus ramas, lávelos y escúrralos.
2. Hierva los huauzontles en suficiente agua con sal. Escúrralos, déjelos enfriar y reserve.
3. Caliente en un sartén mediano de teflón el aceite vegetal y acitrone la cebolla. Trasládela a un tazón grande y agregue los huevos, las claras, la crema ácida, el queso crema de cuadro de Chiapas y los huauzontles. Mezcle perfectamente y salpimiente.
4. Caliente nuevamente el sartén a fuego medio y vierta la mezcla anterior. Tape el sartén y deje que la tortilla se cueza hasta que esté lo suficientemente firme para voltearla.
5. Voltéela y deje sobre el fuego hasta que esté bien cocida. Porciónela y sírvala con la salsa de chipotle.

Queso de oveja

Ficha técnica

Familia: quesos maduros y/o prensados

Clasificación de la pasta: semidura o dura

Edad: 4 semanas – 36 meses

Leche: de oveja

Tratamiento: leche pasteurizada

Regiones de producción: Coahuila, Estado de México, Guanajuato, Michoacán, Nuevo León, Puebla y Queretaro

Historia y descripción

Según fuentes históricas el queso de oveja maduro, junto con el requesón, es de los primeros quesos en haberse producido en nuestro país, específicamente en el estado de Nuevo León. En el libro *Virreyes y virreinas golosos de la Nueva España*, se documenta que en 1585, Diego Montemayor adquiere propiedades en Monterrey, donde se crían ovejas por su leche para hacer quesos. Posteriormente, este mismo libro informa que en la hacienda Castil Blanco, ahora Ixtacamaxtitlán, en el estado de Puebla, se producía por ahí desde el decimonoveno virreinato de la Nueva España, queso "estilo de La Mancha," cajetas y chongos.

La producción de queso en la Nueva España al principio de la Colonia estaba totalmente controlada por hispanos migrados. Posteriormente, los

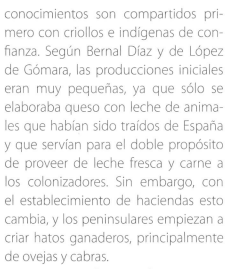

conocimientos son compartidos primero con criollos e indígenas de confianza. Según Bernal Díaz y de López de Gómara, las producciones iniciales eran muy pequeñas, ya que sólo se elaboraba queso con leche de animales que habían sido traídos de España y que servían para el doble propósito de proveer de leche fresca y carne a los colonizadores. Sin embargo, con el establecimiento de haciendas esto cambia, y los peninsulares empiezan a criar hatos ganaderos, principalmente de ovejas y cabras.

Los quesos de oveja forman parte importante de la gastronomía española. La mayoría son elaborados en regiones montañosas, de las cuales la más conocida es la región de Castilla-La Mancha por producir el afamado Manchego DOP a partir de leche de cabra de la raza La Mancha. En México las primeras ovejas empleadas para elaborar quesos eran de la raza Churra de Zamora, pero en la actualidad la East Friesian, proveniente del norte de Alemania, es más apreciada por su gran calidad y cantidad de leche.

Este es el único queso en este libro que se elabora con leche de oveja, por lo que sus características organolépticas varían con respecto a los otros quesos. Dependiendo de la maduración, el

Estados productores

terruño, la raza de los animales utilizados, su alimentación y la manufactura, los sabores de estos quesos pueden variar en gran medida. Sin embargo, la mayoría tiene una pasta firme sin llegar a ser dura y su sabor es siempre cremoso y algo dulce con notas de almizcle. Los mejores ejemplos de este estilo serán aquellos que, a pesar de su maduración, no son picantes ni tienen notas agrias o rancias.

Dentro de este estilo de quesos cabe mencionar a los producidos por Martín López y Catalina Rivera del Rancho San Josemaría en la Ciudad de Santiago de Querétaro. En el 2011, dos de sus quesos obtuvieron medallas en los World Cheese Awards celebrados en Birmingham, Inglaterra. El semiduro, un queso firme como el que aparece en la fotografía, obtuvo la medalla de bronce, y el cremoso, un requesón de oveja, ganó una medalla de plata. Además, en el 2012 el queso Däbehe, madurado por más de seis meses y cuyo nombre otomí significa "invierto", obtuvo una medalla de

plata y una de oro, convirtiéndose en el primer queso mexicano con tal distinción.

Empleo

Gran queso de mesa para maridar con vinos, cervezas y panes. Se come como aperitivo con pan o como postre con miel y nueces. También se puede usar para derretir o para hacer salsas cremosas para pastas.

Por su similitud con quesos manchegos españoles, se puede utilizar en recetas de la región de Castilla-La Mancha, o aquellas del País Vasco como sustituto de quesos de los valles de Ossau e Iraty.

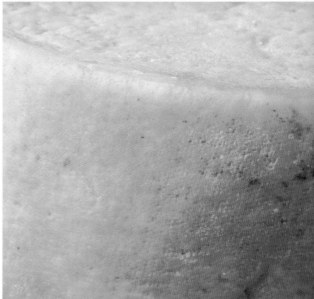

Maridajes

Vinos: Rioja, Bourdeaux y uvas tempranillo, pinot noir.

Cervezas: brown ales, bock, pilsner.

Licores: ron añejo, brandy, whiskey y scotch.

Infusiones: té negro.

Otros: frutos secos, frutas deshidratadas, frutos del bosque, miel de abeja y mermeladas.

Brocheta de queso de oveja y ate

Rendimiento: 1 barra   **Tiempo de preparación**: 5 min   **Tiempo de cocción**: 45 min

Ingredientes
Ate de membrillo
- las cáscaras y los corazones de 3 manzanas
- 2 ¼ tazas de agua
- 1 kg de membrillos troceados
- 2 ¼ tazas de azúcar
- 3 cucharadas de jugo de limón

Presentación
- 100 g de jamón serrano
- 100 g de queso de oveja cortado en triángulos

Procedimiento
Ate de membrillo
1. Hierva las cáscaras y los corazones de las manzanas en 2 tazas de agua hasta que ésta se reduzca a la mitad; cuele y reserve el líquido obtenido.
2. Coloque los trozos de membrillo en una olla y añada agua hasta cubrirlos. Cuando hierva el agua, baje el fuego y cuézalos durante 10 minutos. Retire del fuego, cuele y licue los trozos de membrillo hasta obtener un puré terso y homogéneo. Pase el puré por un colador para retirar las semillas y la piel.
3. Coloque la pulpa de membrillo en una cacerola y agregue el agua de cocción de las manzanas, ¼ de taza de agua y el azúcar; mueva constantemente por 5 minutos y añada el jugo de limón.
4. Continúe la cocción, sin dejar de mezclar la preparación, hasta que espese y se pueda ver el fondo de la cacerola. Retire del fuego y vierta la mezcla en un molde previamente forrado con papel siliconado. Deje reposar durante 1 día.

Presentación
1. Corte el ate de membrillo en triángulos. Introduzca en brochetas pequeñas, de forma alternada, jamón serrano, un triángulo de queso de oveja y un triángulo de ate de membrillo.

Miel al romero y jengibre

Rendimiento: 1 frasco de 250 ml   **Tiempo de preparación**: 5 min   **Tiempo de cocción**: 15 min

Ingredientes
- 1 taza de miel de abeja
- las hojas de 4 ramas de romero
- 1 jengibre mediano, pelado y picado

Procedimiento
1. Caliente la miel a baño María y agregue el romero y el jengibre. Continúe calentando hasta que la miel alcance 85 °C y retire del fuego. Deje infusionar por 15 minutos.
2. Cuele la miel mientras está tibia. Déjela enfriar y colóquela en un frasco.

Queso de poro de Balancán

Ficha técnica

Familia: quesos frescos

Clasificación de la pasta: semidura, en ocasiones oreada

Edad: 7 días – 2 meses

Leche: de vaca

Tratamiento: leche no pasteurizada y pasteurizada

Región de producción: Los Ríos, Tabasco

Historia y descripción

Este queso cuenta con la distinción de Marca Colectiva, otorgada por el Instituto Mexicano de la Propiedad Industrial en marzo de 2012. Es uno de los cuatro quesos genuinos mexicanos que cuentan con tal distinción, la cual busca proteger a los productores y sus recetas de copias que no cumplan con las características establecidas por acuerdo entre quienes producen dicho queso.

La historia cuenta que existía un queso que se llamaba Talavera elaborado por Francisco Thompson en una finca en la población de Jonuta, Tabasco. Después de que varias familias empezaran a producir este estilo genuino de queso, el queso se transformaría gradualmente hasta crear el queso de poro que actualmente se produce en la región de Los Ríos. Actualmente se elabora en el municipio de Balancán, el cual es limítrofe con Guatemala, en las poblaciones de Emiliano Zapata, Tenosique, Jonuta y Balancán de Domínguez. Los trece productores que conforman la Sociedad de Productores de Quesos de Poro Genuinos de Balancán son los únicos permitidos para utilizar comercialmente este nombre y el distintivo de Marca Colectiva.

El señor Ambrosio González Burelo, dueño de la finca El Tigre, en el municipio de Balancán, fue uno de los primeros productores en obtener el permiso para producir este tipo de queso el 31 de enero de 1948 por parte de la Secretaría de Salubridad y Asistencia. Su hijo, Ambrosio González Ramos, es quien obtiene la distinción de Marca Colectiva con el apoyo de otros productores y de la Secretaría de Desarrollo Agropecuario, Forestal y Pesca (Sedafop) del estado de Tabasco.

Este queso tiene una textura única que le da su nombre, es decir, la formación de pequeños poros en la pasta, debido al proceso de vaciar la cuajada en el molde, y por la acción de microflora única. En la elaboración la cuajada se vierte en dos momentos,

🫘 **Estado productor**

★ *Zona de producción*

Características organolépticas

Olfato: dulce, añejado y en ocasiones agrio.

Gusto: ácido, lechoso y cremoso.

Textura: densa, masticable y húmeda; en ocasiones gomosa.

dejando un tiempo de reposo entre cada uno, y posteriormente se deja que la cuajada pase gran tiempo en el molde. Este proceso permite que el queso se desmineralice dándole gran capacidad de conservación aún sin refrigeración. Su tamaño en barras aplanadas de 150 gramos es distintivo, así como su cubierta de parafina, que luego se envuelve en papel celofán rojo o amarillo.

Empleo

Se emplea para preparar una receta tradicional de Tabasco que consiste en plátanos machos rellenos de este queso y fritos en aceite. También es sabroso sobre frijoles, y, aunque no se derrite completamente, su textura le da cuerpo al caldo de frijoles.

Maridajes

Vinos: chardonnay u otros vinos blancos dulces.

Cervezas: hefeweizen, India pale ale y pale ales.

Licores: mezcales ahumados y tequilas añejos.

Infusiones: de canela, servida fría.

Otros: carnes frías de puerco y frutas dulces como mango, plátano o manzana verde.

Mermelada de plátano y caramelo

Rendimiento: 1 frasco de 500 ml
Tiempo de preparación: 10 min
Tiempo de cocción: 1 h

Ingredientes
- 1 kg de plátano
- 350 g de azúcar
- el jugo de 2 limones

Procedimiento
1. Pele los plátanos y píquelos. Reserve.
2. Mezcle el azúcar con el jugo de limón y caliéntela hasta obtener un caramelo claro. Agregue ½ taza de agua y regrese el caramelo al fuego.
3. Deje que el agua hierva a fuego bajo mientras se deshace el caramelo. Agregue más agua si fuera necesario; deberá obtener una salsa espesa.
4. Una vez que el caramelo se haya disuelto, agregue el plátano y mezcle a fuego bajo hasta que la mezcla espese.
5. Deje enfriar la mezcla y colóquela en frascos de vidrio.
6. Acompañe el queso de poro de Balancán con la mermelada.

Mermelada agridulce de tamarindo

Rendimiento: 1 frasco de 750 ml
Tiempo de preparación: 5 min
Tiempo de cocción: 1 h

Ingredientes
- 350 g de azúcar
- el jugo de 2 limones
- 750 g de pulpa de tamarindo

Procedimiento
1. Mezcle el azúcar con el jugo de limón y caliente hasta obtener un caramelo oscuro sin que se amargue. Agregue ½ taza de agua y regrese al fuego.
2. Deje que el agua hierva a fuego bajo mientras se deshace el caramelo. Agregue más agua si fuera necesario; deberá obtener una salsa espesa.
3. Una vez que el caramelo se haya disuelto, agregue la pulpa de tamarindo y mezcle a fuego bajo hasta que la mezcla espese.
4. Deje enfriar la mezcla y colóquela en frascos de vidrio.
5. Acompañe el queso de poro de Balancán con la mermelada.

Queso fresco de rancho

Otros nombres: queso de sal, queso molido, queso de hoja, queso de aro

Familia: quesos frescos

Clasificación de la pasta: suave, en ocasiones oreada

Edad: 1 – 7 días

Leche: de vaca principalmente, y algunas veces mezcla de vaca y cabra

Tratamiento: leche no pasteurizada y pasteurizada

Regiones de producción: Chiapas, Estado de México, Guerrero, Morelos, Oaxaca, Puebla, Tabasco, Tlaxcala y Veracruz

Historia y descripción

Este queso obtiene su nombre debido a que su producción tradicionalmente tenía fines de autoconsumo en rancherías lecheras. En la actualidad, dependiendo de la región donde se elabore, será su presentación. Los quesos de aro de Morelos, de Oaxaca y del Estado de México se puede obtener envuelto en hojas de maíz; los quesos de sal de Chiapas, Veracruz y Guerrero se venden envueltos en hojas de palma y en Tabasco en hojas de plátano.

Este queso tiene su origen en quesos similares producidos en toda Europa, pero principalmente en aquéllos producidos en la zona de los Balcanes, donde se utiliza en comidas tradicionales de las costas del mar Adriático. Las versiones mexicanas son siempre más saladas que las que se encuentran en el Viejo Continente, y en ocasiones se pueden comprar añejadas por un proceso de oreado al aire libre.

Su alto contenido de humedad hace que este tipo de quesos sean normalmente bajos en grasa y que posean una gran cantidad de calcio. Se venden en mercados y tianguis. Debido a que el proceso de hechura no requiere de prensado, o utiliza un prensado muy suave, su textura es perfecta para desmoronar.

Estados productores

Variedades

Existen tres quesos únicos dentro de este estilo que, por el terruño donde son elaborados, cambian sus características y sabor. El queso de hoja de Veracruz que es envuelto con hojas de "platanillo" y amarrado con lianas vegetales. El queso

Características organolépticas

Olfato: leche fresca (láctica) y a veces con notas minerales otorgadas por el tipo de hoja en el que es envuelto.

Gusto: sabor muy suave, a leche fresca y un poco de sal. A veces con sabores herbáceos o florales otorgados por el tipo de hoja en el que es envuelto.

Textura: densa, granular, húmeda al tacto, suave y desmoronable.

de hoja del istmo, que se consume en Oaxaca y Guerrero, está envuelto en hojas de huichicata, un quelite resistente al agua por ser una planta acuática. Finalmente, el queso de aro de Etla se elabora en Oaxaca generalmente con leche que sobra de la producción del quesillo de hebra.

Empleo

Por su textura y consistencia es un excelente sustituto en recetas que requieren de quesos doble crema. Bueno para desmoronar sobre enchiladas y flautas, como botana sobre tostadas con crema o en trozos para acompañar el guacamole con tortillas calientes.

Maridajes

Vinos: blancos, dulces y de varietales como chardonnay.

Cervezas: las pilsners aromáticas.

Licores: mezcales o tequilas poco ahumados y muy herbáceos; en cocteles con ginebras aromáticos y jugos de frutas.

Infusiones: de toronjil.

Otros: hierbas como papaloquelite y cilantro; quelites frescos y chiles.

Fresca ensalada exprés

Rendimiento: 4 porciones   **Tiempo de preparación**: 10 min

Ingredientes

- ¼ de cebolla morada fileteada
- el jugo de 3 limones
- 200 g de pulpa de sandía cortada en cubos
- 2 aguacates cortados en cubos
- 5 tomates verdes cortados en cubos
- 1 taza de queso fresco de rancho cortado en cubos
- 5 cucharadas de aceite de oliva
- 1 chile serrano sin semillas, picado
- las hojas de 1 rama de hierbabuena picada
- sal y pimienta al gusto

Procedimiento

1. Mezcle la cebolla morada con el jugo de limón y deje macerar durante 5 minutos como mínimo.
2. Incorpore la sandía, el aguacate, el tomate, el queso de rancho, el aceite de oliva, el chile serrano y salpimiente. Mezcle y deje reposar por 5 minutos.
3. Sirva en tazones individuales y decore con la hierbabuena picada.

Fideos secos

Rendimiento: 5 porciones   **Tiempo de preparación**: 10 min   **Tiempo de cocción**: 20 min

Ingredientes

- ¼ de cebolla troceada
- 1 diente de ajo
- 350 g de jitomate
- 1 chile chipotle adobado
- 125 ml de aceite vegetal
- 200 g de fideos
- 3 tazas de caldo de pollo
- 100 g de queso fresco de rancho desmoronado
- 100 g de chicharrón de cerdo desmoronado
- 1 aguacate rebanado
- sal al gusto

Procedimiento

1. Licue la cebolla, el ajo, el jitomate y el chile chipotle. Cuele y reserve.
2. Caliente en una cacerola el aceite vegetal y fría los fideos hasta que se doren. Retire el exceso de aceite y agregue el licuado de jitomate; fríalo hasta que evapore.
3. Vierta el caldo de pollo a los fideos y, cuando hierva, baje el fuego al mínimo, agregue sal y tape. Retire del fuego cuando los fideos hayan absorbido todo el líquido.
4. Sirva la sopa con el queso fresco de rancho, el chicharrón y el aguacate.

Queso menonita

Ficha técnica

Otros nombres: queso Chihuahua

Familia: quesos semimaduros

Clasificación de la pasta: semidura

Edad: 7 días – 6 semanas

Leche: de vaca

Tratamiento: leche pasteurizada

Regiones de producción: Chihuahua, Durango y San Luis Potosí

Historia y descripción

La historia de este queso comienza con la migración de la comunidad menonita al norte del país en los años veintes del siglo pasado, provenientes de la provincia de Manitoba en la parte central de Canadá. Es debido a la invitación del presidente Álvaro Obregón que un grupo de aproximadamente 9 263 menonitas se establecen en lo que son ahora los municipios de Cuauhtémoc, Namiquipa y Riva Palacio, en el estado de Chihuahua.

Al llegar a esta región del país, esta comunidad continúa sus prácticas religiosas pacifistas formadas durante la Reforma Protestante, además de hablar su propio idioma que es una variante del alemán. Asimismo, continúan produciendo queso de leche de vaca utilizando una técnica de chedarización, un proceso que permite el exudado de suero de la pasta, para su texturización y acidificación, lo cual otorga el sabor característico a sus quesos. La población local adopta también la técnica de producción de queso, el cual, a través de los años, adquiere el nombre de queso Chihuahua.

Este queso normalmente se elabora en ruedas o bloques de entre 5 y 10 kg de peso. Tiene una corteza gruesa de queso seco, la cual cubre a la pasta. Su textura es cremosa con notas muy herbáceas y un buen balance entre sal, acidez y crema agria. El aroma puede llegar a ser muy almendrado, dependiendo de la maduración de cada rueda.

Chihuahua

Durango

San Luis Potosí

🫓 Estados productores

El queso menonita se produce en Chihuahua principalmente, pero también existen pequeñas producciones en los estados de San Luis Potosí y Durango.

Variedades

El queso Chihuahua es muy similar al queso menonita, aunque algunas de las versiones no producidas por la comunidad menonita son fortificadas con harina de papa o con leche en polvo, lo cual los convierte en quesos análogos de baja calidad.

El terruño específico de cada región, a pesar de que la técnica utilizada sea la misma, imparte

Características organolépticas

Olfato: cremoso y herbáceo, con algunas notas de nueces dependiendo de la maduración.

Gusto: cremoso y caramelizado, a veces con notas de cebolla verde.

Textura: firme, cremosa y tersa. En ocasiones la pasta presenta ojos.

un sabor particular al queso. Normalmente, los quesos producidos en Chihuahua son más cremosos, mientras aquellos producidos en otros estados son más húmedos y menos salados.

Empleo

Excelente para derretir sobre enchiladas, molletes, totopos, y cualquier otro platillo que necesite gratinado. Ideal para sándwiches de carnes frías o para hamburguesas. También se puede comer maridado con vinos, cervezas y licores.

Gran sustituto del queso tipo manchego mexicano. Se puede emplear para rellenar enchiladas potosinas o para hacer choriqueso.

Maridajes

Vinos: tintos de uva cabernet sauvignon o barolo.

Cervezas: brown ales y India pale ale.

Infusiones: de canela, de moras o té negro.

Licores: brandy, whiskey y scotch.

Otros: setas, champiñones, nueces, carnes rojas, dulces mexicanos, ates de fruta y miel de abeja.

Bruschetta de calabacitas y queso

Rendimiento: 8 porciones   **Tiempo de preparación**: 5 min   **Tiempo de cocción**: 20 min

Ingredientes

- 2 calabacitas
- 2 tazas de queso menonita rallado
- 1 chalote picado
- 1 cucharada de hojas de tomillo fresco + 8 ramitas
- 1 huevo
- 1 pan campesino
- 8 jitomates cherry
- sal y pimienta al gusto

Procedimiento

1. Precaliente el horno a 220 °C.
2. Ralle las calabacitas y colóquelas sobre papel absorbente para eliminar el exceso de líquido. Mézclelas con el queso menonita, el chalote, la cucharada de hojas de tomillo y el huevo. Salpimiente y reserve.
3. Corte el pan campesino en rebanadas de 5 centímetros de grueso. Tuéstelas en el horno ligeramente.
4. Distribuya el relleno sobre las rebanadas de pan campesino y gratínelas en el horno hasta que adquieran un color dorado.
5. Parta los jitomates cherry por la mitad. Decore las bruschettas con las ramitas de tomillo fresco y las mitades de jitomates cherry.

Tarta de invierno

Rendimiento: 6 porciones   **Tiempo de preparación**: 1 h 30 min   **Tiempo de cocción**: 1 h 15 min

Ingredientes
Base de la tarta
- 125 g de mantequilla
- 250 g de harina de trigo
- 50 ml de agua
- 1 huevo
- ½ cucharadita de sal

Relleno
- 500 g de papas
- ½ cebolla
- ¼ de taza de aceite de oliva
- 2 dientes de ajo picados
- las hojas picadas de 1 ramita de romero
- 4 huevos
- 125 ml de crema
- 750 g de setas
- 1 taza de queso menonita
- sal y pimienta al gusto

Procedimiento
Base
1. Corte la mantequilla en cubos y resérvela a temperatura ambiente.
2. Cierna la harina en una superficie de trabajo. Agregue los cubos de mantequilla y frote rápidamente la harina con la palma de la mano hasta obtener una mezcla con consistencia de arena.
3. Forme una corona con la preparación previa y agregue en el centro el agua, el huevo ligeramente batido y la sal. Mezcle los ingredientes sin amasar.
4. Incorpore todos los ingredientes de la pasta presionándola con una raspa, sin amasarla. Forme un círculo, envuélvala en plástico adherente y refrigérela por lo menos durante 30 minutos.
5. Precaliente el horno a 160 °C.
6. Enharine una superficie de trabajo, coloque encima la pasta y estírela con un rodillo hasta que tenga 3 milímetros de grosor. Enróllela parcialmente en el rodillo, levántela y coloque debajo un molde para tarta de 30 centímetros de diámetro. Cubra el molde, pique la pasta con un tenedor y hornéelo por 10 minutos. Reserve.

Relleno
1. Precaliente el horno a 230 °C.
2. Corte las papas, sin pelar, en rebanadas de 1.5 centímetros de grosor y filetee la cebolla. Mezcle ambos ingredientes con el aceite de oliva, el ajo y el romero. Extienda esta mezcla en una charola y hornéela hasta que estén cocidas las papas.
3. Mezcle los huevos, la crema, sal y pimienta al gusto y la mezcla de papas con cebolla. Coloque la mezcla sobre la base precocida y hornee a 190 °C por 45 minutos o hasta que esté completamente cocida.
4. Caliente el aceite de oliva restante y saltee las setas.
5. Coloque el queso sobre la tarta y el salteado de hongos encima del queso. Regrese al horno y hornee por 8 minutos más.
6. Sirva la tarta acompañada de una ensalada mixta.

Queso panela

Historia y descripción

Probablemente es uno de los quesos más consumidos en el país junto con el quesillo de hebra. Se produce en todos los estados del país para autoconsumo y comercialización.

Su hechura es muy fácil, por lo que se produce a gran escala. Cuando se elabora con leche entera, como comúnmente es el caso, contiene la misma cantidad de grasa que cualquier otro queso; no obstante, la comunidad médica lo recomienda como opción baja en grasa para personas en regímenes alimenticios que deseen perder peso. Tal confusión puede deberse a que en algunas regiones del país este queso, o el llamado queso botanero, sí se produce con leche parcialmente descremada, con lo cual se obtendría un queso con una menor cantidad de grasa.

El nombre común con el que se le conoce es queso panela, un acortamiento de su nombre original que era queso de la panela o queso del canasto (este último, hoy queso canasto). Estos nombres hacían referencia a los moldes que se utilizaban para el drenado de la cuajada al elaborar estos quesos. La panela, así como el canasto, estaban elaborados con ramas o palmas, las cuales se llenaban de cuajada, y al drenarse el exceso

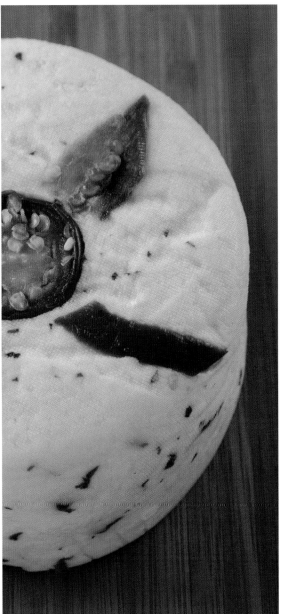

de suero, la pasta adquiría la forma del molde. La panela es un término que también se utiliza para llamar al piloncillo, ya que en ocasiones éste se vende en forma de círculo aplanado, en vez del ahora tradicional cilindro. Cabe la posibilidad de que esta forma original del piloncillo, haya heredado el nombre de panela al queso. Sin embargo, existen pocos archivos históricos sobre la proveniencia de los nombres de los quesos en México, y esta explicación no está corroborada. Sin embargo, el nombre "de la panela" existe en algunos recetarios coloniales donde se menciona este queso y su sencilla elaboración.

Variedades

En algunas regiones del país existe una versión de este queso llamado queso botanero que se elabora con leche parcialmente descremada. Es un queso con mucho suero residual y por ello muy fresco. Debido a su alta cantidad de humedad no se derrite completamente. Este queso se condimenta con chiles, verduras y hasta con trocitos de jamón cocido, lo cual los convierte en instantáneas botanas para comer como tentempié, entre comidas o como guarnición. Los quesos botaneros son tradicionales de la zona del centro del país en donde se aderezan con chiles serranos o jalapeños, y algunas veces con hojas de epazote.

Una característica evidente del queso botanero es su apariencia física otorgada por los moldes de plástico con pequeños agujeros utilizados para permitir el desuerado. Esta característica, además de la adición de diversos ingredientes, diferencian al queso botanero del queso panela.

Empleo

Normalmente se consume solo como botana, acompañado de tortillas. También se puede utilizar en ensaladas, tortas, sándwiches o como relleno de diversos alimentos como chiles.

En Oaxaca se utiliza para hacer un platillo llamado queso en salsa, que se sirve con frijoles de la olla y tortillas. En partes de Puebla y Morelos se fríe y se come como botana.

Características organolépticas

Olfato: láctico, con mucho aroma a suero de leche. Puede ser muy ácido o muy rancio de acuerdo con el tiempo de añejamiento.

Gusto: sutil, con sabor a leche fresca. Puede ser dulce y con notas de crema agria. Muy bajo en sal.

Textura: fresca, masticable, húmeda y granular.

Maridajes

Vinos: blancos, poco secos, con mucho sabor a uva y con alta mineralidad.

Cervezas: variedades pale ales con mediana cantidad de lúpulos y con sabores frutales.

Licores: mezcales jóvenes frutales con alta mineralidad, no ahumados ni reposados.

Infusiones: de menta y hierbabuena.

Otros: chiles, hierbas aromáticas, aguacate, chapulines, jitomates, mermeladas de frutos rojos y frutas dulces como melón y peras.

Botana de queso horneado

Rendimiento: 5 porciones   **Tiempo de preparación**: 10 min   **Tiempo de cocción**: 25 min

Ingredientes

- 1 taza de aceite de oliva
- 2 dientes de ajo picados
- las hojas de 2 ramas de romero, picadas
- 5 ramas de tomillo
- 1 chile guajillo cortado en tiras finas
- sal y pimienta al gusto
- 1 queso panela entero de aproximadamente 500 g

Procedimiento

1. Precaliente el horno a 350 °C.
2. Mezcle todos los ingredientes, excepto el queso, en una cacerola pequeña y caliéntelos. En cuanto los ajos comiencen a freírse, retire la cacerola del fuego. Deje reposar por 10 minutos.
3. Coloque el queso en un refractario de vidrio y vierta encima el aceite infusionado. Hornee por 20 minutos, aproximadamente.
4. Sirva el queso en el refractario y acompañe con totopos.

Ensalada de pan y queso

Rendimiento: 5 porciones   **Tiempo de preparación**: 10 min

Ingredientes
Vinagreta
- 2 cucharadas de vinagre blanco
- ½ diente de ajo molido
- 6 cucharadas de aceite de oliva
- sal y pimienta al gusto

Ensalada
- 100 g de crutones
- 200 g de jitomates cherry partidos en cuartos
- 150 g de queso panela en cubos
- 1 aguacate cortado en cubos
- ¼ de taza de cilantro picado
- ¼ de cebolla morada fileteada

Procedimiento
Vinagreta
1. Mezcle el vinagre con el ajo, sal y pimienta al gusto hasta que la sal se disuelva.
2. Vierta el aceite de oliva mientras bate enérgicamente. Rectifique la cantidad de sal y pimienta y reserve.

Ensalada
1. Mezcle en un tazón grande los crutones, el jitomate cherry, el queso panela, el aguacate, el cilantro y la cebolla morada. Vierta la vinagreta, mezcle y sirva en tazones.

Sopa a la poblana

Rendimiento: 6 porciones   **Tiempo de preparación**: 10 min   **Tiempo de cocción**: 15 min

Ingredientes

- 3 cucharadas de aceite vegetal
- ½ cebolla picada
- 2 dientes de ajo picados
- 3 chiles poblanos asados, pelados, sin semillas y cortados en rajas
- los granos de 1 elote
- 1 taza de leche
- ½ lata de leche evaporada
- 500 ml de caldo de pollo
- 2 calabacitas cortadas en cubos
- 200 g de queso panela en cubos
- sal y pimienta al gusto

Procedimiento

1. Caliente el aceite vegetal y acitrone la cebolla, el ajo, las rajas y los granos de elote.
2. Cuando se suavicen los granos de elote, agregue las leches y el caldo de pollo. Añada sal al gusto y deje hervir la preparación.
3. Agregue las calabacitas y hierva por 2 minutos más. Sirva la sopa acompañada del queso panela.

Queso Ramonetti

Ficha técnica

Familia: quesos de corteza lavada

Clasificación de la pasta: semidura

Edad: 3 semanas – 4 meses

Leche: de vaca

Tratamiento: leche no pasteurizada

Región de producción: Sierra de Juárez, Baja California

Historia y descripción

Los orígenes de este queso se remontan a 1870 cuando la familia Ramonetti se establece en Baja California. Pedro Ramonetti Bonetti, proveniente de Suiza, proveía de alimentos basados en la agricultura y ganadería a mineros que habían llegado por la fiebre del oro a las zonas de Real del Castillo, Valle de La Trinidad, Tecate y Sierra de Juárez. Una vez establecida la familia a partir de 1911, el sr. Ramonetti Bonetti se dedica a la producción de jamones, tocinos, y otras carnes secas, así como a la de queso basado en sus conocimientos traídos de Europa.

La familia Ramonetti sigue esta tradición por varias generaciones hasta el bisnieto, Marcelo Castro, que se dedica a comercializar su queso más allá de los mercados locales de Ensenada y Valle de Guadalupe. Esto lo logra por medio de una alianza estratégica con Pablo Ferrer, estu-

diante de oceanografía en Baja California, que se interesa por la producción agrícola, ganadera y marina de esta región y promueve sus productos de gran calidad al mercado nacional.

Además de seguir con la tradición familiar de producir queso maduro, Marcelo Castro tuvo la visión de crear una cava de maduración para conservar y afinar su queso. Él y quienes trabajan en su granja tienen muy claro que el cuidado de su ganado, así como el buen manejo del medio ambiente en el que éste pasta, vive y produce, tiene un impacto sobre el sabor del queso. Es por esto que sus vacas de la raza Holstein pastan libremente, además de tener una dieta balanceada con alfalfa seca que también se produce en sus terrenos.

El queso Ramonetti, es difícilmente un queso nuevo ya que se ha producido en México por más de 100 años. Sin embargo, la apreciación de este queso y su estilo, representa el interés que existe en una nueva quesería nacional, que produce otros productos que los tradicionales y genuinos quesos mexicanos.

Este queso es ahora un estandarte de un nuevo movimiento quesero en nuestro país, en el que se incluyen quesos de leche de oveja, cabra, y búfala de agua, en estilos diferentes y con terruños únicos. Aunque en este libro este queso es clasificado como de corteza lavada, en realidad no se madura bajo el estricto régimen de lavado con salmuera, sino que toma sus notas características de la gran cantidad de bacterias *Brevibacterium linens* que hay en la cava de maduración.

🫓 **Estado productor**
★ Zona de producción

Este queso puede tener hasta 4 meses de maduración en una cava seminatural, que bajo el control cuidadoso del crecimiento de las bacterias, desarrolla en la corteza notas de piedra húmeda y sabores a verduras cocidas y almizcle; mientras que la pasta, es cremosa con gran sabor a paja húmeda y nueces tostadas.

Características organolépticas

Olfato: a cava húmeda y con notas a piedra mojada.

Gusto: pasta cremosa, con sabor a almizcle y paja húmeda.

Textura: densa, firme y cremosa.

Empleo

Un gran queso de mesa para degustar con vinos de la región de Ensenada y el Valle de Guadalupe. También perfecto para gratinar sobre pan con tomate o aceite de oliva de la región de producción.

Maridajes

Vinos: tintos con mucho sabor; variedades de uva como merlot y cabernet sauvignon.

Cervezas: brown ales y lagers con mucho cuerpo.

Licores: brandy y bourbon, o whiskeys ligeramente ahumados y aquellos con poco sabor a turba (peat).

Otros: higos, miel, nueces y frutos secos.

Chutney de cebolla y betabel

Rendimiento: 1 frasco de 500 ml
Tiempo de preparación: 10 min
Tiempo de cocción: 30 min

Ingredientes

- ½ cebolla morada
- 1 naranja
- ½ betabel grande
- 2 manzanas
- 2 cucharas de semillas de mostaza
- 1 cucharada de semillas de cilantro
- 1 pizca de clavo en polvo
- 1 pizca de canela en polvo
- 350 ml de vinagre de vino tinto
- 300 g de azúcar mascabado

Procedimiento

1. Filetee la cebolla, extraiga la ralladura de la cáscara de naranja y pele y ralle el betabel y las manzanas.
2. Mezcle los ingredientes anteriores con los restantes y caliéntelos en un cazo a fuego medio. Cueza durante 30 minutos, moviendo ocasionalmente hasta que el chutney espese y el betabel esté cocido.
3. Deje enfriar el chutney y resérvelo en frascos de vidrio.
4. Acompañe el queso Ramonetti con el chutney y una hogaza de pan.

Jalea de té negro al tomillo

Rendimiento: 1 frasco de 300 ml
Tiempo de preparación: 15 min
Tiempo de cocción: 15 min

Ingredientes

- 250 g de agua
- 6 ramas de tomillo
- 6 cucharadas de té negro
- 100 g de azúcar
- 6 g de pectina
- 11 g de grenetina

Procedimiento

1. Caliente el agua con el tomillo hasta que comience a hervir. Retire del fuego y agregue el té negro; deje infusionar por 10 minutos. Cuele la preparación y deje que se enfríe.
2. Mezcle el azúcar con la pectina. Hidrate la grenetina en ¼ de taza de agua y disuélvala en el microondas.
3. Mezcle el té frío con el azúcar y pectina. Caliente esta mezcla y agregue la grenetina. Deje hervir por 2 minutos mientras mezcla constantemente.
4. Trasládela a un frasco de vidrio.
5. Acompañe el queso Ramonetti con la jalea y una hogaza de pan.

Requesón

Historia y descripción

La historia de este derivado lácteo se remonta a la era mesopotámica entre los años 2100 y 2000 a.C. durante la dinastía de Ur III, pero se extiende ampliamente durante la Edad de Bronce cuando se crearon calentadores de leche en la parte norte de Italia, los cuales después se utilizarían en toda la península itálica. De este proceso surge probablemente la ricotta, elaborada con leche de oveja y cabra.

Muy probablemente, en México se empieza a producir requesón desde la llegada de los españoles, ya que es de fácil obtención. Aunque es posible encontrar requesones de leche de cabra u oveja, el más común es el de leche de vaca, atado en hojas de maíz, que se comercializa en mercados y tianguis.

Este tipo de queso es producido con el suero remanente de la hechura del queso. Es un producto normalmente suave, cremoso y de apariencia fresca. Por su frescura es difícil encontrarlo en versiones comerciales; sin embargo, su proceso de elaboración es simple y se puede reproducir a pequeña escala en una cocina convencional a partir de leche entera. Para esto se necesita 1 litro de leche entera y 2 cucharadas de jugo de limón o vinagre blanco. Se mezcla el jugo de limón o el vinagre con la leche y se pone calentar en una olla grande. Una vez que comienza a hervir, se retira del fuego y se deja enfriar un poco para colarlo con una manta de cielo o una coladera fina. Con 1 litro de leche se obtienen 250 gramos de requesón aproximadamente.

Estados productores

Variedades

Aunque muy diferente al requesón, en varios estados de la república el jocoque se utiliza como sustituto de éste o viceversa. El nombre del jocoque, según algunos investigadores de la Universidad de Chapingo, proviene del náhuatl *xococ*,

que significa agrio. Sin llegar a ser utilizado como crema ácida, el jocoque se emplea para aderezar platillos mexicanos. Otra alternativa al requesón es el quark, que se produce artesanalmente en el norte del país. Proveniente de la región de Bavaria en Alemania o Austria, se utiliza como dip o marinador, pero también como ingrediente en la repostería y panadería regional de Chihuahua.

Finalmente, dentro de esta familia de productos lácteos frescos se encuentra la nata y la crema, ambos productos producidos mediante la coagulación láctica. A pesar de que los chongos zamoranos también se podrían considerar parte de esta subfamilia de productos lácteos mexicanos, su diferencia radica en que éstos se producen con una coagulación enzimática y se preparan de manera dulce únicamente.

Empleo

Como relleno de gorditas y otros antojitos mexicanos como los tlacoyos y quesadillas. En el estado de Morelos se cocina con epazote y chile serrano para comerlo con tortillas para el desayuno.

La receta más antigua hasta ahora encontrada que utiliza este derivado de la leche data del siglo XVII. Recetarios antiguos registran "buñuelos de requesón" que servían las señoras a sus visitas junto con una taza de té.

Características organolépticas

Olfato: leche agria (láctico), crema fresca y algunas veces a mantequilla.

Gusto: dulce y cremoso.

Textura: granular, fresca y húmeda.

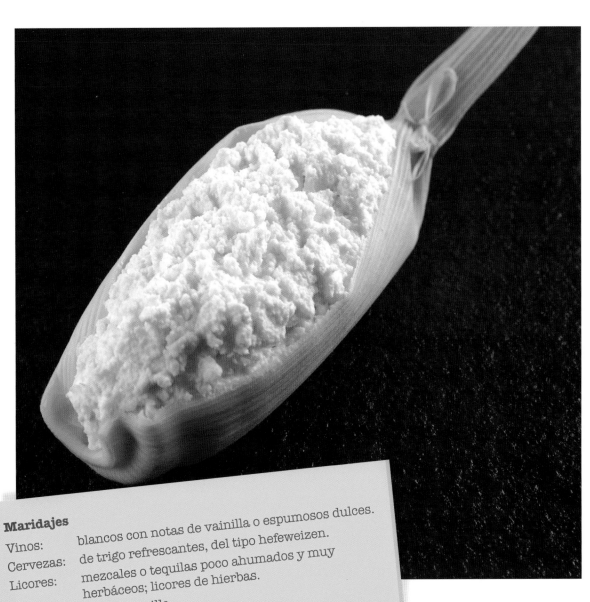

Maridajes

Vinos: blancos con notas de vainilla o espumosos dulces.

Cervezas: de trigo refrescantes, del tipo hefeweizen.

Licores: mezcales o tequilas poco ahumados y muy herbáceos; licores de hierbas.

Infusiones: de manzanilla.

Otros: chocolate, salsas de caramelo, hierbas aromáticas (epazote, hoja santa, hoja de aguacate), frutas (manzana, pera, higo, plátano maduro, fresas, moras, arándanos secos), ajonjolí, cebollín, amaranto y aceite de oliva.

Envueltos de flor de calabaza y requesón

Rendimiento: 4 porciones   **Tiempo de preparación**: 25 min   **Tiempo de cocción**: 35 min

Ingredientes
Salsa de guajillo
- 3 jitomates guajes
- 3 tomates
- ¼ de cebolla troceada
- 1 diente de ajo
- 4 chiles guajillos sin semillas ni venas
- 1 cucharada de vinagre blanco
- ½ taza de aceite de oliva
- sal al gusto

Empanadas
- 2 cucharadas de aceite de oliva
- ½ cebolla picada
- 1 diente de ajo picado
- 160 g de flores de calabaza limpias
- 1 rama de epazote
- 250 g de requesón
- 1 paquete de pasta filo
- cantidad suficiente de aceite en aerosol
- sal y pimienta al gusto

Procedimiento
Salsa de guajillo
1. Ase en un comal a fuego medio los jitomates, los tomates, la cebolla, el ajo y los chiles, moviéndolos ocasionalmente. Retírelos del fuego una vez que estén asados por todos lados.
2. Licue todos los ingredientes junto con el vinagre blanco. Vierta poco a poco el aceite de oliva para emulsionar la salsa.
3. Agregue sal al gusto y reserve.

Empanadas
1. Caliente en un sartén el aceite de oliva y saltee la cebolla y el ajo. Agregue las flores de calabaza y la rama de epazote. Saltee hasta que las flores se cuezan. Salpimiente, retire la rama de epazote y reserve.
2. Mezcle el requesón con las flores de calabaza. Salpimiente y reserve.
3. Precaliente el horno a 180 °C.
4. Extienda una hoja de pasta filo y rocíela con el aceite en aerosol. Coloque encima otra hoja y repita el procedimiento hasta sobreponer 5 hojas.
5. Corte cuadros de 8 x 4 centímetros y distribuya en cada uno un poco del relleno de flor de calabaza con requesón; envuelva cada cuadro en forma de caramelo. Rocíelos con aceite en aerosol y hornéelos hasta que estén dorados.
6. Sirva los envueltos con la salsa de guajillo.

Hot cakes de requesón

Rendimiento: 6 porciones   **Tiempo de preparación**: 20 min   **Tiempo de cocción**: 25 min

Ingredientes
Hot cakes
- 340 g de harina de trigo
- 1 pizca de sal
- 2 cucharaditas de polvo para hornear
- 1 cucharadita de bicarbonato de sodio
- 2 huevos
- 60 g de mantequilla derretida + c/s de mantequilla
- 360 ml de leche
- 200 g de requesón

Presentación
- azúcar glass al gusto
- frutos rojos (fresas, frambuesas, moras azules, zarzamoras) al gusto
- requesón al gusto

Procedimiento
Hot cakes
1. Mezcle en un tazón la harina de trigo, la sal, el polvo para hornear y el bicarbonato de sodio.
2. Incorpore los huevos, la mantequilla derretida y la leche; bata hasta integrar completamente todos los ingredientes.
3. Añada el requesón y mezcle nuevamente hasta obtener una preparación homogénea. Deje reposar la mezcla en refrigeración durante 15 minutos como mínimo.
4. Caliente en un sartén mediano un poco de mantequilla a fuego medio y vierta en éste un cucharón de la preparación de hot cakes.
5. Voltee con cuidado el hot cake cuando comiencen a formarse burbujas y deje que se cueza por el lado contrario. Retírelo del fuego y repita esta operación hasta terminar con la masa de hot cakes.

Presentación
1. Sirva los hot cakes con azúcar glass espolvoreada, frutos rojos y requesón al gusto.

Glosario

Acidez. Característica presente en una sustancia que indica que contiene ácido en su composición. En los quesos, la acidez puede percibirse como un aroma o sabor fresco que proviene normalmente del ácido láctico presente en la leche.

Acidificación. Aumento en la cantidad de ácido presente en una sustancia. En el caso de la leche, ésta puede ser acidificada por la adición de un ácido orgánico (vinagre, ácido cítrico, etc.), o por el ácido láctico desarrollado por la fermentación de la leche.

Añejamiento. En la quesería, tiempo de reposo no controlado de quesos frescos durante un periodo determinado mediante el oreado o el secado. Los estándares a seguir en este proceso son menos estrictos que en la maduración, lo cual no indica que los quesos añejados, en comparación con los quesos madurados, no sean de calidad. Simplemente, la diferencia con la maduración consiste en las medidas de control para obtener el producto final. Sin embargo, en ocasiones se utiliza como sinónimo de añejamiento los términos maduración y *affinage* (afinado).

Chedarización. Proceso utilizado para obtener quesos con una acidez alta. Consiste en el apilamiento de bloques de cuajada para promover el drenado natural de suero y la acidificación de la cuajada.

Cuajada. Gel que se forma después de que la leche se coaguló con cuajo.

Cuajado ácido. Tipo de cuajado que se realiza al fermentar la leche, principalmente de cabra, o al utilizar ácidos acéticos o cítricos. La textura que se obtiene de la cuajada ácida es ideal para elaborar quesos frescos. Este proceso no utiliza enzimas para promover el cuajado de la leche.

Cuajado enzimático. Tipo de cuajado que se realiza al gelificar la leche con cuajo animal, vegetal o sintético. Tiene el objetivo de separar las grasas sólidas del suero de la leche.

Cuajo. Enzima coagulante que es añadida a la leche líquida para que ésta se gelifique, con el objetivo de separar las grasas sólidas del suero de la leche. Existen cuajos animales, vegetales y sintéticos. Se utiliza en quesos que tienen un cuajado enzimático.

Descremado. Proceso que consiste en retirar parte de la crema de la leche entera para reducir su contenido de grasa.

Desuerado. Proceso que consiste en la separación del suero de la leche una vez que la cuajada se parte o se corta para recuperar los sólidos grasos. Esta acción es necesaria, ya que para elaborar los quesos solamente se utilizan los sólidos de la leche.

Friabilidad. Característica que presentan algunos quesos para desmoronarse. El atributo contrario en los quesos es resorteo.

Fundabilidad. Característica que presentan algunos quesos para derretirse.

Maduración. Es el tiempo de reposo controlado de un queso por el trabajo de cava que le da un madurador. Su objetivo consiste en obtener características organolépticas deseables de sabor, aroma y textura. Los estándares a seguir en este proceso son más estrictos que en el añejamiento, lo cual no indica que los quesos madurados, en comparación con los quesos añejados, sean de más calidad. Simplemente, la diferencia con el añejamiento consiste en las medidas de control para obtener el producto final. En ocasiones se utiliza como sinónimo de maduración *affinage* (afinado).

Marca Colectiva. Distinción en México que otorga el Instituto Mexicano de la Propiedad Industrial (IMPI) para distinguir en el mercado productos o servicios de un cierto grupo frente a terceros que no formen parte de dicho grupo. Los cuatro quesos que en la actualidad poseen la Marca Colectiva son queso Cotija, región de origen; queso crema de cuadro de Chiapas, queso de bola de Ocosingo y queso de poro de Balancán. En la quesería, esta distinción ayuda a proteger a los productores y a los consumidores de copias de quesos de otras regiones que no cumplan con las características preestablecidas.

Ojo. Orificios que se forman en la pasta del queso durante la maduración o añejamiento.

Oreado. Tipo de añejamiento utilizado para secar quesos frescos que serán vendidos como quesos añejos o que tendrán un trabajo de cava para su maduración.

Pasta. Masa de sólidos de grasa que forman el queso. Existen diferentes tipos de pasta que se obtienen de acuerdo con el proceso específico de elaboración de cada queso. Los factores que determinan las características finales de la pasta son el tiempo de maduración, el cuajado de la leche, el prensado, el desuerado, entre otros.

Pasta hilada. Tipo de pasta que proviene de la moderada fundición de la cuajada de leche para obtener quesos de hebra.

Pasteurización. Proceso por el cual la leche se higieniza por medio del calentamiento. Ésta puede ser a 63 °C por 30 minutos o a 73 °C por 15 segundos.

Resorteo. En los quesos, propiedad de la pasta o la corteza que se identifica cuando al presionar el queso, éste regresa a su forma original, y cuando en boca tiene una sensación de pasta masticable; en otras palabras, tiene cierta elasticidad. La propiedad contraria al resorteo es friabilidad.

Suero. Parte líquida que se separa de los sólidos de la leche. Constituye aproximadamente el 6% del total de 1 litro de leche líquida. Es rico en proteínas y lactosa.

Tajable. Adjetivo que indica que la consistencia del queso es tal, que se pueden obtener tajadas del mismo.

Índice de recetas

Bibliografía

Alvarado Gómez, Antonio Armando, *Comercio interno en la Nueva España. El abasto en la ciudad de Guanajuato*, 1777-1810, México, INAH, 1995.

Artís Espriu, Gloria, *Regatones y maquileros: el mercado de trigo en la ciudad de México (siglo XVIII)*, México, Ed. Ramón Córdova, 1986.

Baisnée, Pierre-Francois, *De vacas y rancheros*, México, CEMCA, 1989

Barrera Bassols, Narciso, "Los orígenes de la ganadería en México", en *Ciencias*, 44, México, octubre-diciembre 1996.

Barrio Lorenzot, Francisco del, *Ordenanzas de gremios de la Nueva España*, México, Dirección de Talleres Gráficos, 1920.

Bayard Taylor, William, "Haciendas coloniales en el valle de Oaxaca", en *Historia mexicana*, v. 23, no. 2, 90, (octubre-diciembre 1973) pp. 284-329.

Berry Charles, "La ciudad de Oaxaca en vísperas de la Reforma, en *Historia Mexicana*, v.19, no. 1, julio-septiembre 1969, pp. 23-61.

Borchart de Moreno C.R, *Los mercaderes y el capitalismo en México* (1759-1778), México, FCE, 1984.

Brokmann Haro, Carlos, *La Cocina Mexicana a través de los siglos: Mestizaje culinario*, México, Clío, 1996.

Canizales Romo, Margil de Jesús, *De las mieles al mezcal, haciendas y ranchos mezcaleros en Pinos, Zacatecas, 1890-1930*, Zacatecas, México, Colegio de San Luis A. C., 2008.

Calderón de la Barca, Madame, *La vida en México durante una residencia de dos años en ese país*, Tomo I, México, Porrúa, 1959.

Cerutti Mario, Eva Rivas Sada, "La construcción de la Cuenca Lechera en la Laguna (1948-1975)", en *Estudios Sociales*, México, Universidad de Sonora, enero-junio, año/vol. XVI, número 031, pp. 165-204.

Chamorro Fernández, María Inés, *Gastronomía del Siglo de Oro Español*, Barcelona, Herder, 2002.

Contreras Utrera, J., "Comercio y comerciantes de Chiapas en la segunda mitad del siglo XIX". *Revista Secuencia*, México, 60, 2004.

Crosby, Alfred W., *El intercambio transoceánico. Consecuencias biológicas y culturales a partir de 1492*, México, UNAM, 1991.

Culebro Pérez, Magda Yaneth; Luvia Adriana Jiménez Rincón, María del Rocío Ortiz Herrera, *et al.*, "El queso crema Chiapas, una historia que nos identifica", en Tema Libre, *Revista Claridades Agropecuarias*, México, julio, no. 215, pp. 34-42.

Curiel Monteagudo, José Luis I., *Virreyes y virreinas golosos de la Nueva España*, México, Porrúa, 2004.

Curiel Monteagudo, José Luis, *La mesa de Hernán Cortés*, México, Porrúa, 2007.

De Flores, Graciela M., *Los Recetarios Antiguos, Desarrollo del mestizaje gastronómico*, México, Universidad Panamericana, Escuela Superior de Administración de Instituciones, 2002.

De Guzmán, Dominga, *Recetario Mexiquense, Siglo XVIII*, colección Recetarios Antiguos, México, Conaculta, 1999.

Del Bajío, Antonio, *Crisis alimentarias y subsistencias populares*, Conasupo, México, 1987.

Domínguez-López, Aurelio y Adriana Villanueva-Carvajal, "Alimentos artesanales y tradicionales: el queso Oaxaca como un caso de estudio del centro de México", *Centro de Investigación en Alimentación y Desarrollo, A.C*, México, vol. 19, número 38, julio-diciembre 2011, Estudios Sociales, pp. 167-193.

F. Cervantes Escoto; A. Villegas de Gante; A. Cesín Vargas; A. Espinoza Ortega, *Los quesos mexicanos genuinos: un saber hacer que se debe rescatar y preservar*, México, Universidad Autónoma de Chapingo, 2008.

Farga Armando, José Inés Loredo, *Historia de la comida en México: Mosaico multicolor del esplendor y grandeza de la gastronomía mexicana*, México, Sebastián Verti, Diana, 1993.

Farga, Armando, *Historia de la comida en México*, México, Costa Amic, 1968.

Flores y Escalante Jesús, *Breve historia de la comida mexicana*, México, Debolsillo, 1994.

Florescano Mayet, Sergio, *El camino México-Veracruz en la época colonial*, México, Universidad Veracruzana, Florescano Mayet, 1968.

García Acosta, Virginia (coord.), *Los precios de los alimentos y manufacturas Novohispanos*, México, CIESAS, 1995.

García Cubas, Antonio, *El libro de mis recuerdos*, México, Patria, 1969.

García Fuentes, Lutgardo, *Los peruleros y el comercio de Sevilla con las Indias, 1580-1630*, México, Universidad de Sevilla, 1997.

García Islas, Briselda, "*Caracterización físico-química de diversos tipos de quesos elaborados en el valle de Tulancingo, Hgo., con el fin de proponer normas de calidad*", Tesis para la obtención del título de Ingeniero Agroindustrial. Universidad Autónoma del Estado de Hidalgo, mayo, 2006.

Garza Martínez, Valentina; Villalpando Canchola, Elisa, y Pérez Zevallos, Juan Manuel, "Mercado y precios en la ciudad de México, su evolución en la segunda mitad del siglo XVI" en García Acosta, Virginia (coord.), *Los precios de los alimentos y manufacturas novohispanos*, México, CIESAS, 1995.

Gaytan Guijosa, Verónica Adriana, "*Principales razas de bovinos productores de carne en México*". Tesis. Lic. Medico veterinario, Facultad de Medicina Veterinaria y Zootecnia, Universidad Michoacana de San Nicolás de Hidalgo, Morelia, Michoacán, mayo de 2006

Gonzalbo Aizpuru, Pilar, *Historia de la vida cotidiana en México, Vol. III. El siglo XVIII: Entre tradición y cambio*, FCE/Colmex, México, 2005.

González de la Vara, Martín, *La cocina mexicana a través de los siglos, V. Tiempos de Guerra*, México, Clío, Fundación Herdez, 1997.

González Navarro, Moisés, *Historia moderna de México*. Tomo IV: La vida social en el Porfiriato, México, Editorial Hermes, 1957. a González Navarro, Moisés, Historia moderna de México. Tomo IV: La vida social en el Porfiriato, México, Editorial Hermes, 1957.

Grijalva, Miño, *El mundo novohispano. Población, ciudades y economía, siglos XVII y XVIII*, México, FCE, Colmex, 2001.

Grosso, Juan Carlos y Juan Carlos Garavaglia, *La región de Puebla y la economía novohispana. Las alcabalas en la Nueva España, 1776-1821*, México, Benemérita Universidad Autónoma de Puebla, 1996.

Hoyo C., Eugenio del, *Señores de ganado, nuevo Reino de León. Siglo XVII*, Archivo General del estado de Nuevo León, México, 1987.

Isla, Maria, *Manual de cocina Puebla*, México, Consejo Nacional para la Cultura y las Artes, 2002.

Lagunas Ruíz, Hilda, "Vida cotidiana y laboral en las haciendas de Zinacantepec siglos XIX y XX", *La Colmena 70*, México, abril-junio 2011 pp. 83- 95. a Lagunas Ruíz, Hilda, "Vida cotidiana y laboral en las haciendas de Zinacantepec siglos XIX y XX", La Colmena 70, México, abril-junio 2011 pp. 83-95.

Legorreta Díaz, Maria del Carmen, "Organización política de las haciendas de los valles de Ocosingo, Chiapas en el siglo XX", en *Estudios Sociológicos*, septiembre.diciembre, año/vol., XXIV, número 003, El Colegio de México, pp. 601- 635. a Legorreta Díaz, Maria del Carmen, "Organización política de las haciendas de los valles de Ocosingo, Chiapas en el siglo XX", en Estudios Sociológicos, septiembre-diciembre, año/vol. XXIV, número 003, El Colegio de México, pp. 601-635.

Long, Janet (coord.), *Conquista y comida. Consecuencias del encuentro de dos mundos*, Universidad Nacional Autónoma de México, México, 2003.

Long, Janet, *La Cocina Mexicana a través de los siglos. Tomo IV. La Nueva España*, México, Clío, 1997.

López Rosado, Diego, *El abasto de productos alimenticios en la ciudad de México*, México, FCE, 1988.

López A., J. F., "*Estudio de las principales características de la ganadería lechera en el municipio de Ocosingo, Chiapas*", Tesis de licenciatura para la obtención del título de Ingeniero Agrónomo, Universidad Autónoma de Chapingo, México,1983.

Ludlow Leonor, Jorge Silva Riquer, *Los negocios y las ganancias de la Colonia al México Moderno*, México, Editorial Mora, 1993.

Márquez Ruiz, Miguel Ángel Jacinto, *Epizootias, zoonosis y epidemias. El intercambio de infecciones y parasitosis entre el viejo mundo y el nuevo mundo*, Tesis (doctorado). Universidad de León, España, Facultad de Filosofía y Letras, Departamento de Filosofía y Ciencias de la Educación, 2006.

Martínez López-Cano, María del Pilar; Long Towell, Janet y Amalia Attolini Lecón (coord.), *Caminos y Mercados de México*, México, Universidad Nacional Autónoma de México, 2010.

Martínez Manuel, *Historia de la gastronomía española*, Madrid, Editorial Nacional, Torregalindo, 1986.

Matesanz, José, "Introducción de la ganadería en la Nueva España 1521-1535", en *Historia mexicana*. México, El Colegio de México, Centro de Estudios Históricos. V. 14, No. 4 (56) (abril-junio 1965), pp. 533-566.

Mejía, Jairo, *Cocina mexicana del siglo XIX*, México, Trillas, 2002

Muñoz Zurita, Ricardo, *Diccionario Enciclopédico de la Gastronomía Mexicana*, México, Larousse, 2012, 648 pp.

Olvera Ramos, Jorge, *Los mercados de la Plaza Mayor en la Ciudad de México*, México, Ediciones Cal y Arena, 2007.

Payno, Manuel, *Los Bandidos del Río Frío*, México, Época, 2004.

Pérez Gallardo, D.I, *Manual de Agricultura y Ganadería*, París - México, Librería de Rosa y Bouret, 1866.

Pierre-Francois Baisnée, *De vacas y rancheros*, México, CEMCA, 1989. a Pierre-Francois Baisnée, De vacas y rancheros, México, CEMCA, 1989.

Pilcher, Jeffrey M., *¡Vivan los tamales!: La comida y la construcción de la identidad mexicana*, México, Consejo Nacional para la Cultura y las Artes, 2001.

Prieto, Guillermo, Obras completas. *Memorias de mis tiempos*, México, Consejo Nacional para la Cultura y las Artes, 1992.

Quiroz Muñoz, Enriqueta, *Entre el lujo y la subsistencia : mercado, abastecimiento y precios de la carne en la ciudad de México 1750-1812*, México, El Colegio de México, Centro de Estudios Históricos, Instituto de Investigaciones José María Luis Mora, 2005.

Rentería Garita, Cristina, "La Ruleta de la Economía: Migración, Cultura y Mercado en la Producción Ganadera de la Selva Tabasqueña", en *Perspectivas Latinoamericanas*, México, Núm. 6, 2003.

Ruiz Cervantes, Francisco José, *La revolución en Oaxaca. El movimiento de la soberanía (1915-1920)*. México, FCE, 1986.

Savario Franco, "Un pueblo entre dos patrias, mito, historia e identidad en Chipilo, Puebla (1912-1943)", *Cuicuilco*, D.F. enero-abril, año/vol. 13, número 036, ENAH, pp. 277-291.

Sedano, Francisco, *Noticias de México, Tomo I, Crónicas del siglo XVI al siglo XVIII*, México, Talleres Gráficos de la Nación, 1974.

Súper, John C., *La vida en Querétaro durante la colonia 1531-1810*, México, FCE, 1983.

Tovar González, María Elena, "La inmigración Extranjera en el Soconusco" en José Ernesto Sánchez Vázquez, Ramón Jarquín, *La frontera sur: reflexiones sobre el Soconusco, Chiapas y sus problemas ambientales, poblacionales y productivos*, ECOSUR, México, 2008.

Valerio Ulloa, Sergio, *Empresarios extranjeros durante el Porfiriato*, México, Universidad de Guadalajara, 2002.

Viera, Juan de, *Breve y compendiosa narración de la ciudad de México*, México, Editorial MORA, 1992.

Zavala, Silvio, Selección, *Ordenanzas del trabajo, siglos XVI y XVII*, México, Centro de Estudios Históricos del Movimiento Obrero Mexicano, 1980.

Documentos digitales

"Bochil, Estado de Chiapas", *Enciclopedia de los Municipios de México* en http://www.e-local.gob.mx/work/templates/enciclo/chiapas/municipios/07013a.htm

Álvarez Moreno, Juan, "El queso bola, de Chiapas para el mundo...", *Periodismo del Sureste*, martes, 27 de septiembre de 2011, http://periodismodelsureste.blogspot.mx/2011/09/el-queso-bola-de-chiapas-para-el-mundo.html

Bochil, Chiapas, Portales Municipales, en http://ccg2.siap.gob.mx/chi/mun_07000/index.php?cvemun=013

Dora María, Cabrera Nájera, *et al.*, "La Empresa Familiar productora de Queso Bola en Ocosingo, Chiapas." Ponencia presentada en 1er. Congreso Nacional de Investigación UNACH-UAM, "Empresas familiares y desarrollo regional", disponible en http://www.empresamasfamilia.com/efamiliares/media/archivos/ponencias/mesa2/Dora-Maria-Cabrera-Najera.pdf

Hernández, A., El queso crema de Chiapas: exploración su aceptabilidad rumbo a la obtención de una marca colectiva. *Claridades Agropecuarias*. Julio, No. 203,2010 en http://www.aserca.gob.mx/sicsa/claridades/revistas/203/ca206-33.pdf

López A., J. F. (1983). Estudio de las principales características de la ganadería lechera en el municipio de Ocosingo, Chiapas. Tesis de licenciatura para la obtención del título de Ingeniero Agrónomo. Universidad Autónoma de Chapingo.

Ortiz Herrera, *et al.*, citado en *Revista Claridades Agropecuarias*, número 206, Octubre, 2010, citado en http://www.aserca.gob.mx/sicsa/claridades/revistas/206/ca206-33.pdf

Román Alarcón, Rigoberto Arturo, "La inmigración extranjera en el Noroeste de México, el caso de Sinaloa siglos XIX y XX", en www.mexicanistas.eu, *última consulta* 10-09-12, http://www.mexicanistas.eu/uploads/La%20inmigracion%20extranjera%20en%20el%20Noroeste%20de%20Mexico,%20el%20caso%20de%20Sinaloa,%20siglos%20XIX%20y%20XX,%20Rigoberto%20Arturo%20Roman%20Alarcon.pdf